爸爸和你一起长大

父与子的成长手记

聂传安／著

哈尔滨出版社
HARBIN PUBLISHING HOUSE

图书在版编目（CIP）数据

爸爸和你一起长大：父与子的成长手记：专供版 /
聂传安著.—哈尔滨：哈尔滨出版社，2018.2
　ISBN 978-7-5484-3586-0

Ⅰ.①爸…　Ⅱ.①聂…　Ⅲ.①家庭教育　Ⅳ.①G78

中国版本图书馆CIP数据核字（2017）第170269号

书　　名：**爸爸和你一起长大——父与子的成长手记.专供版**

作　　者：聂传安　著
责任编辑：韩金华　王　丹
责任审校：李　战
封面设计：源画设计

出版发行：哈尔滨出版社（Harbin Publishing House）
社　　址：哈尔滨市松北区世坤路738号9号楼　　邮编：150028
经　　销：全国新华书店
印　　刷：哈尔滨市石桥印务有限公司
网　　址：www.hrbcbs.com　　www.mifengniao.com
E-mail：hrbcbs@yeah.net
编辑版权热线：（0451）87900271　87900272
销售热线：（0451）87900202　87900203
邮购热线：4006900345　　（0451）87900345　87900256

开　　本：787mm×1092mm　　1/16　　印张：12.5　　字数：180千字
版　　次：2018年2月第1版
印　　次：2018年2月第1次印刷
书　　号：ISBN 978-7-5484-3586-0
定　　价：40.00元

凡购本社图书发现印装错误，请与本社印制部联系调换。
服务热线：（0451）87900278

目 录

 ● ● ●

你是爸爸？是妈妈？

你是儿子？是女儿？

写给朋友们……

不是男人

今日情人节，送礼的浪潮席卷世界，其余波也殃及东江之畔木棉树旁401室的男主人。看着年轻的同事收到一份精美化妆品时的陶醉表情，男主人决定也采取行动，以免被无情的社会淘汰。

玫瑰花，就不买了吧。当情人已变成夫人时，浪漫的情调就更趋向于实用了。于是，花了近二百元钱买了盒某口服液，美容型的，以后真要是起了某方面的作用，她美，我也美啊。

早上，夫人拆开包装，拿出一小瓶说："让我来尝尝。"小家伙听了，忙从床上跳起来叫道："我也要喝一口。"我心一紧。我清楚地记得那瓶250毫升的酸奶他是几口吸完的，这一小瓶10毫升的口服液如何挡得住他的牛饮？我忙说："这是女人喝的！"夫人却说："给你喝一口。"就将吸管递到了小家伙的嘴边。我无奈，只好盯着小家伙的嘴。小家伙果然守信，只尝了少少的一点儿，然后咂巴着嘴。我心有余悸地说："你喝了小心小鸡鸡会没有的。"夫人笑问："没有了咋办？"小家伙看看我们，一本正经地说："小鸡鸡没有了？那还是什么男人？"

我们爆笑。

你去就安全

周五下午一放学，小家伙就跑过来嚷道："爸爸，我能不能跟谢姐姐去人人乐？"我板着脸说："不行。"

"为什么？"他不服气地问。

"你一去又要她给你买东西，当然不能去呀！"我解释说。"

我不让她买东西了……让我去吧……"他近乎于企求地说。

谢姐姐是我同事小谢。按照广东人的习惯，女子再大，只要没结婚，就得喊姐姐，不像老家的女孩子，只要一上班，不管年纪大小马上就长一辈，充当起阿姨了。上次小家伙和她上街，要吃麦当劳。小谢当然同意，回来时还让他提些炸鸡腿，把小家伙乐坏了。今天小谢说要出去，小家伙自然激动。

望着那让人不忍再看的目光，我只好说："好吧。不过记住，不能让姐姐买东西！"

小家伙屁颠屁颠地跑出去，长长地甩下一句："知道了……"

上楼做好饭，然后就等他，半天不见人影。一会儿，接到小谢的一个信息，说他们在吃麦当劳，不用等了。

我皱了皱眉。

又过了一个多小时，听到门外的脚步声。然后，门被慢慢地推开了，探进个小脑袋来，怯怯地看着我，笑着。我不理他。小谢也进来了。我点点头，笑笑，然后把目光转向他。

他往我身边走来，又不敢靠得太近，欲前又止，有些忸怩。

小谢笑起来，说："路上，他对我说：'谢姐姐，你跟我一起回家吧。'我问为什么，他说：'你去我就安全了。'我又问为什么。他说：'我爸爸从来不骂女孩子。你去了，他不会骂你的。'我又问：'你怎么知道啊？'他说：'在家里都是我妈妈骂爸爸，我爸爸从来不骂妈妈的。'哈哈，我笑死了。"我也忍不住笑起来，这个小家伙，净在外面败坏我的名声，也败坏他妈妈的名声。

他躲在旁边也偷偷地笑。

我板着脸训斥他两句，此事就过去了。

牵挂

我还是忍不住，扔下一句"我出去看看"，就拉开门，顺手将夫人那句"让他锻炼一下吧"给关在屋里。

"噔噔噔"下了楼，踏在方形瓷砖铺就的地面上，心里有些不安与好

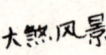

大然风景

奇。出了校门，往右一看，那么长的水泥路上竟没有人。这个小家伙，居然走得这么快！

我大步走着，到了路口，看看没车，就过去了。唉，也不知道他是怎么过这个路口的。

路边有几个光着膀子围地而坐的打牌人，我警惕地瞥了他们一眼，再看看前面的小超市，门口闲坐着几个人。

我加快脚步，走到对面超市跟前。进不进去呢？我还在思量，却透过玻璃墙看见他的影子忽地闪出来，绕到收银台前。我赶紧找个看得更清楚的位置，觉得这么当爸爸也挺有趣。只见小家伙递过钱，收银的小女孩儿似乎又对他说了什么。他摇摇头，女孩儿笑了笑，就把东西放在一个塑料袋里，递给他，又找了一些零钱。小家伙接过钱，走了出来，看得出他是满脸的得意。

我笑笑，眼光被小家伙扯着走。他走了几步，停住，把塑料袋打开，低头看看里面，然后又挥着手，把塑料袋绕成一个白色的环。

他走到路口，先是左右看看，见没有车，就突然冲过去。我吓得差点就要大叫起来！我半张着嘴，直到他最后一步双脚跳到对面的人行道上，我悬着的心才放下来。我不禁骂了他一句。这个小家伙，怎么老是记不住过马路不能乱跑呢？

等他快走进学校大门时，我才开始往回走。

平安无事。

我是不是多虑了？想想刚才，我一进门，就听夫人问孩子："你将怎么过马路？"我当时就是一声大叫："什么？过马路？"原来小家伙的赛车电池没电了，要去买，妈妈不想去，孩子就要自己去。超市离家虽不到三百米，却要过一条马路，况且这是他第一次独自买东西。

听完了再三的嘱咐，孩子终于兴奋而又有些胆怯地去了。望着小小的背影，我心中又甜又酸。自己七岁时，早就山上岭下河里田边到处玩了，而

今，这个小家伙去买个东西，却让大人如此牵挂！

小家伙大甩着两手旁若无人地走着，终于，黄色的背影被学校大门挡住。

我叹了一口气。

这个小家伙，凝聚着我们太多太多的东西，让我们终生不敢懈怠！

送伞

我拿了几盒牛奶，放在购物篮里。

妻子问："小家伙吃什么呢？"

我说："不给他吃！说到做到！"早就和他有约定，不好好吃饭就什么也别想吃。

妻子没有说话，可能也在想着晚饭时他只喝了小半碗粥的事。

又在小超市里转了一圈，走到糕点柜台边，妻子还是拿了一块肉松蛋糕。

我叹了一口气。

早就听到空中一阵阵无聊的雷声，响了几十分钟了，也没见一滴雨下来。

出了超市门，忽觉一阵凉风袭来，身上禁不住地一哆嗦。抬头看看天，浓云竟像股股黑烟似的上下翻滚，张牙舞爪。接着听到一声炸雷，就在楼顶上，吓得我心一紧。

"快跑！"妻子说。

没跑几步，豆大的雨点就砸下来。落到脖颈里，有些痛，更多的是几分凉。再过几秒钟，银亮的雨线就斜着挂起来。

"冲啊……"妻子好生兴奋，左手举着塑料袋子顶在头上，弯着腰往前冲。我跟在后面，也在享受同样的兴奋。

雨点从不同角度往身上打。那风有时将衣服紧紧地裹在身上，有时又将衣角高高地撩起。妻子像个小麻雀似的乱蹦，留下了一路的"哈哈哈哟哟哟"。

路不是很远，我们终于跑到了楼下。回过头看看漫天的大雨，再看看对方的狼狈样，我们不禁大笑起来。

"小家伙要是在雨中可能会更开心的。"我说。

"他光想玩玩具，连超市也不想去了呢！"妻子说。

想到雷雨交加，想到他一个人在家，我们加快了上楼的步伐。

早就看到家里的门半掩着，灯还亮着。隔壁的小黄老师正坐在门口，想必是在享受久违的凉风。

我还没进门，就喊起来："清尘！"

无人应我！

黄老师笑起来——她是一说话就爱笑的——说："你们家的清尘给你们送伞去了。他对我说：'我爸爸妈妈去买东西了，没有带伞，我要给他们送伞。'还让我给你们看门呢——你看看这孩子，多懂事。"

我吓了一跳，忙问："什么时候走的？"

"刚走没多大一会儿。"黄老师笑嘻嘻地说。

我把东西往地上一放，跑着飞速下楼。这幢楼有两个楼梯，我们一定是错过了。

从七楼往下飞跑，有种转圈的感觉。下了三楼，我就忍不住喊："清尘，清尘！"

从楼下传来一个声音："爸爸。"话里有一种惊讶的感觉。

我松了一口气！

终于看到他了。他正转过身，要上楼，手里还拿着一把半开的小伞。

我迎住他，左手臂轻轻地拥住他幼小的身子，不知道说什么好。

他得意地说："爸爸，我正在玩小汽车，看到下雨了。我知道你们没有带伞，我要给你们送伞。我还请阿姨给我们看门呢！"

我凝望着他，笑着，没说话。

到了家，妻子紧紧地搂住他，吃力地把他抱起来。

忽见小家伙在妻子的怀里用力挣扎，并大叫道："蛋糕！我要吃你们买的肉松蛋糕！"

小儿背《三字经》

这几天有一件事让我很开心，那就是小家伙的《三字经》已经背得相当熟练了。

算到今天，已经是两个半月了。记得那还是在2月22日晚上，我和他坐在床上玩。我说："跟我背点儿书吧，背完之后呢，就给你讲《三国演义》。"小家伙接受"三国"教育可是一两年前的事，是一个十足的"三国"迷。听说有"三国"听，也不管要背什么东西，张嘴就答应了。

打开《三字经》，我就开始带他读。"人之初，性本善。性相近，习相远……"我先是读三个字，他跟读。两遍之后，我就跟他讲意思："这几句话的意思是说，人啊，像你这么大的时候，都是很善良的，都是好小伙子……"他则瞪着大大的眼睛，仔细听着我略带夸张的解释。

讲完了，我让他再跟着我读。这次，我领读六个字。读了几遍，我将书一合，说："我说前三个字，你说后三个。好，开始。'人之初……'"开始时他有些不习惯，我就给他提示第一个字，他就将后半句背出来。几遍之后，我说后三个字，让他说前三个。如是几次，他就能思索着将六句全部背下来了。

望着他背书时的专注劲儿，我不免有些感慨。当今中国，英语大行其道，而我们的母语却沦为下人，这令我这个语文老师扼腕叹息。我想，不管怎么样，小家伙，你身上流的是中国人的血，你要像一个真正的中国人。

第二天晚上，我在学校值班。九点多时，电话响了，是小家伙打来的。他在那头兴奋地说："妈妈还教我背《三字经》呢！"我说："是吗？

背给我听一听。"他就慢慢地开始背了："昔孟母，择邻处。子不学，断机杼……妈妈，下一句是什么？"又听到妻的声音："窦……""窦燕山，有义方。教五子，名俱扬。爸爸，我背得怎么样？"

我在电话这边也不由得笑了。

于是，《三字经》就走进了我们的家。

小家伙有五岁半了，白天在幼儿园，回家又要看《大风车》，看《蓝猫淘气三千问》，有时还看一些"超人"碟，所以，我们在一起的时间并不多。为了使他不会忘记背的东西，我就减少背的内容，每天只学四句，学新的之前复习一下昨天的内容，并告诉他这叫作"温故而知新"。第二天送他去幼儿园的路上，也把以前学的东西拿出来背。

中间也有懈怠的时候。有时我们忙，就说："算了，太晚了，今天不背了。"有时他也烦，一上床就嚷道："又要背《三字经》！"满脸的不开心。这时，我又只好拿《三国演义》当诱饵。每当这时，他就会勉强同意，可是背书时坐无坐相，眼光游离，还没读几句，就拿起《三国演义》，说："该讲《三国演义》了吧？"好在这样的场景不是很多。

我也不清楚听我讲解后他懂不懂。虽然每次讲后我都问："明白了吗？"，他或是说"明白了"，或是点点头。我也不管那么多，还是先让他记住再说。

有一次，他问我"作《大学》"中的"大学"是不是就是我上的"大学"，我很开心，说明他在动脑筋。还有一次，当他读"经子通，读诸史"时，不停地笑，连说："臭臭臭。"我问怎么了。他说："读猪屎，猪屎，臭！"我哈哈大笑，心想这经典竟让他这么给糟蹋了。

随着时间的推移，他对内容渐渐有所了解。当读到"彼女子，且聪敏；尔男子，当自警"时，他说："爸爸，你别讲，我知道。这是说，那些女子都很聪明，我们男子……"他拍拍胸脯说，"我们男子……"他又找不到合适的词。我连连点头，说："对对对！我们男孩子，要小心一点儿，别让女孩子打败了。"这是他第一次主动解释，看他的样子，是真的懂了，我心里真的很甜。

孩子还小，为了使他能坚持下来，适当的奖励还是必不可少的，如一些

QQ糖、小玩具、VCD碟等。奖励总有一定的间隔，让他既有所期待，又能激动。

就这样过了两个月。看着所剩的页数不多了，我就对他说："背完了呢，奖给你一张光盘。你想要什么样的？"他想了想，说要'蓝猫'。随后的几个晚上，他总是认认真真地数着所剩的页数。"爸爸，还有两页了。"然后他又计算着两页所需要的天数。无奈他数数的水平我实在是不敢恭维，有时算是七天，有时算是五天，还拍着手在床上叫道："噢，还有五天就又有'蓝猫'碟了！"

终于背完了，我带他去商店买了奖品。回来的路上，我对他说："背完了吧，但前面的可能又记不清楚了。这样，我们再复习几天，要是你能从头至尾不用提醒就背下来，我们还有奖励呢！"他这次想要个超人，其实家里到处都是缺胳膊少腿的奥特曼兄弟。

我就重新把《三字经》分成七段，打印在七张纸上，每晚复习一张。因为有了以前的底子，所以他不费什么力气就能流畅地背下来，比起初背四句时更快。

小家伙只是一个非常普通的孩子。我也问过他背书辛苦吗？他说："不苦，可有意思了。"我长时间地望着他，暗暗地点点头。

昨晚是他背书最开心的日子。一则快复习完了，二则他背书时有了一些从前未有的创意。他说："我来表演着背吧。"我忙叫妻子也来看。

他在床上异常兴奋，不断地笑着。"披蒲编……"他两只手像是握住斧头似的从上往下砍（很明显，他是在表演"劈"并非"披"）；"削竹简……"便伸出右手食指，用左手食指在上面划着（他是个左撇子）；"彼无书，且知勉……"伸出大拇指。"如负薪……爸爸，负薪是什么意思？"我说："背着木柴。"他忙弯着腰做出背东西状；"如挂角……"他伸出一根手指说："这是牛角。"又伸出另一根手指说："这是书，书挂在牛角上面……若梁灏，八十二……"他便弯腰而行，左手做出拄拐杖状。看着他开心的样子，我的眼泪都快流出来了。

表演完了，他说："我们老师也知道《论语》呢。"

我问："你怎么知道？"

他说："她今天讲的。她给我们讲'对牛弹琴'的故事，说有一个人天天读《论语》啊、《大学》啊、《中庸》啊，我就说，刘老师，《三字经》里也有《论语》！"

我兴趣大增，忙问："老师怎么说？"

"老师说，《三字经》是一本书，《论语》也是一本书，《论语》怎么会在《三字经》里呢？"

我笑笑："《三字经》里有《论语》吗？"

他说："你看，这不是？'《论语》者，二十篇；群弟子，记善言。'不是有吗？"

我说："你跟老师说了吗？"

他说："我不敢说。"

我不由产生一丝遗憾。遗憾老师的话，也遗憾小家伙没能显示自己的风采。（是不是有点小人样？嘿嘿，不好意思！）可是自思一下，自己也学过《中国古代教育史》，也看过其中对《三字经》的详细介绍。可是如果不是带着小家伙背书，自己哪会认认真真地将《三字经》从头到尾读一遍？自己以前也不知道《三字经》里也有《论语》啊。

感谢孩子！

早就告诉过他了，背完《三字经》就开始背《唐诗三百首》（本来想背《千字文》，但担心他的理解能力），他就憧憬着那一天。还是昨晚，他又问我："爸爸，背完《三字经》是不是背《唐诗三百首》？"我点点头。他就冲着外屋的妻子喊："妈妈，我可以背《唐诗三百首》了！"

然后他又对我说："背完《唐诗三百首》我想背《论语》。"我又点点头。他跳起来，叫："我可以背《论语》了，我可以背《论语》了！"其情真令我感动。

孩子，你并不知道背完《唐诗三百首》需要多少时间，你也不知道《论语》可不如《三字经》与唐诗那么容易上口。另外，随着时间的推移，你对背书的态度可能会发生变化。不过，不怕，只要想背，我们就一直背下去。

我们没有任何塑造你的意思。我们不会设计你的未来，你的未来是你自己的事情。我和你妈妈只想在你成长的过程中给你最好的营养，至于这些营养使你长成什么样子，那不重要。不管怎么样，我们都将爱你。因为，你是我们的孩子。

富有

正在吃中午饭，孩子突然问："爸爸，你说我们家富有吗？"

这个问题颇让我为难。说不富有吧，有损我作为家长的尊严，难以启齿；说富有吧，也没有说服力：没有属于自己的房子，聊以寄身之处则狭小拥挤，一大一小两张床便占据了房间的大部分地盘，再加上一个大衣柜、几箱子书、一张电脑桌、一台洗衣机，呵呵，屋里连转身的地方都没有了。仅从"住"这一点来说，我家就离"富有"太遥远了。

我问他："你说我们家富有吗？"还是先把球抛给他再说。

"当然富有。"他回答得很干脆。

我马上问："你说说为什么富有？"

他不假思索地说："因为我们家有爱呀！"

一下子，我们夫妻二人呆了，半天才反应过来。他妈妈恨不得把他搂在怀里亲之再亲，竟没有顾及他满嘴的油迹。

是啊，说到家庭和睦，关系融洽，我们这个三口之家可谓是名列前茅了。很多人都羡慕我们平静而又祥和的家庭气氛，羡慕我们家里一阵阵的笑声，羡慕我们一家人在操场上活动的身影。

整个下午我都因为孩子的这句话而感到激动。

晚上，来客人了。我又忍不住问孩子："清尘，我们家富有吗？"

假如客人能亲耳听到"因为我们家有爱啊"这样的回答，将会多么吃惊啊！那时我的虚荣心将会得到说不出的满足。

"不富有。"孩子想都没有想，张口就说。

我吃了一惊，忙问："为什么？"

"我们家没有房子。"他诚实地说道。

"还有呢？"我还是有些不甘心。

"我们家没有汽车。"他又说。

"你中午不是说……"

"我们家也没有更多的玩具……"没等我说完，他就迫不及待地继续说。

客人哈哈大笑起来。

我不由得叹道："孩子毕竟还是孩子……"

人之初，性本淡

昨晚偶尔翻翻孩子的书包，居然发现了一张已被挤得皱巴巴的奖状。我好奇地拿出来，上面写着"优秀队员——清尘"，落款时间是六月一日。

这家伙，奖状躺在书包里两天，居然没向老爸老妈说一声，没有任何炫耀，没有任何卖功，也不因此向我们要任何奖品，而只是随手一放，随之忘怀。这家伙，怎么了？

想起以前的一些事。

孩子最初获奖，是在幼儿园大班时。全县幼儿园讲故事比赛，他被选中了，老师给他一个阿凡提的故事，让我们督促他背、讲。预赛时得了学校的第一，老师和我们都很开心。但是他一听说还要比赛，非常不高兴，也不肯认真去讲，结果全县决赛时，只得了个第二名，而第一名就是预赛时的第二名。在发奖前，他已看到奖品，一等奖是非常大的布娃娃，有米老鼠、史努比等。我非常喜欢那个米老鼠，他却对史努比情有独钟，在那儿抱着不肯放手，还让我拍了好多张照片。

前三名都是一等奖，他的眼睛一直盯着那个史努比。可是发给他的却是米老鼠。我很开心，忙着给他拍照，却见他的嘴一瘪，眼泪流出来了，接着就在领奖台上抽泣，继而大哭。正在拍照的教育局长与幼儿园的园长忙问怎么回事，他先不说，然后说不想要米老鼠。领导们哈哈大笑。因为他也算为幼儿园增了光，园长说："不急，我们一会儿到商店去换。"局长说："先问问那个小朋友愿意换吗？"拿史努比的那个小朋友很大方，交换过来，他才破涕为笑。

因为普通话较好，平时也让他背了一些东西，所以，上了小学后，学校总让他上台亮相，也算是学校国学水平的展示。他展示过背诵《三字经》与《琵琶行》，引来许多掌声，但他却因此增加了很多烦恼，他总说："校长为什么不让别人去背啊？"或者说："我要转学！要是转到黎明学校，就不用背书了！"

遇到这种情况，我总是诱惑他："看看，你背《三字经》的时候，掌声响不响啊？"

"响。"他有些骄傲地说。

"你喜欢不喜欢这么多掌声啊？"我诱导着问。

他迟疑一下，说："喜欢。"

我说："喜欢咱们就背吧。"

于是他就不情愿地接着背。

上个星期天，学校带着一帮小孩子去小区进行庆"六一"演出，他又是背《琵琶行》，又是不开心。只是小区里风景优美，他玩得很开心，倒也消除了他背书的郁闷心情。

吃饭时，我问："小家伙，以后再让你上台表演，你还背那两个老掉牙的东西啊？"

他摇摇头。

我说："别人一定会笑你的。这样吧，我们再背背新的吧。"

他一脸不高兴，说："又要背啊？"

但是也没有办法。

于是，这些天他又在背《长恨歌》，今早已经背到"六军不发无奈何，宛转蛾眉马前死"了。

爱心手爪

之一

早上。

七点了，我好不容易喊醒了小家伙。他一翻身，趴在我腿上，还想享受梦的甜美。

我将他的小背心掀起，两手轻轻地在他背上抓着。

他喃喃地说："爸爸，你给我抓抓痒痒。"

我说："在抓。"

他不言语了。

停了一会儿，他扭起身子，说："我要让妈妈抓。"

"为什么？"

"因为你手上没有爱心。"

我一怔，再看他妈妈，正得意地瞅着我笑呢。

——有什么了不起，不就是手指柔软些吗？

我愤愤地想。

之二

孩子越来越恋他妈妈。

这不，睡觉前，他又用手抱住妻子的脖子，亲热之情溢于言表。

妻子不胜其烦，让他把手放开。

孩子笑着，说："我爱你也不行吗？"

妻子无语。

一会儿，妻子又说："你这样的爱让我很痛苦。谁让你这么做的？"

孩子说："你的魅力让我这样做的。"

——妻子又无语，扭过头，偷偷地朝我笑。

之三

我进了厨房，发现煤气的总阀门没关。

我冲着外面喊了一句："看看你，又不关煤气！"

妻子冲着我笑。

小家伙似乎感觉到我声音的分贝超标，就在那边说道："不能欺负女孩子！要英雄救美！"

我只好不作声，默默地给美人和美人的孩子做饭。

爱国主义教育出成果

孩子喜欢玩棍耍枪，也喜欢看战争片。前段时间，他连续看了《小兵张嘎》《敌后武工队》《亮剑》《吕梁英雄传》等几部电视剧，看时目不转睛，看后则不停地问："日本人为什么这么坏，我们也没有惹他们，他们为什么要侵略我们？"当他知道他父亲的奶奶就是被日本人枪杀后，更是气愤。我给他买了一些塑料的武装小人，他把它们分成美国人和日本人，让它们交战，结果总是美国人获胜。看新闻时听到"日本"二字，就非常敏感地叫起来："日本人！打死他！"

我们给他讲过，日本有坏人也有好人，但他似乎没把好人放在心上。他不喜欢日本，有一次他听到我的一个学生是四个字的名字时就大叫："日本人！"后来他遇到那个学生，仔细地瞅，最后才说："还是不像日本人。"

前天，他妈妈正在看一则有关宋祖英生孩子的新闻。他也把头凑过去看，忽然大叫："日本人！打！"他妈妈奇怪地问："谁是日本人？这是宋祖英，唱《辣妹子》的。"

他大声道："不对不对，这上面写的不是'喜得贵子'吗？这'喜得贵子'还不是个日本人啊？"

我和他妈妈当时差点笑岔了气。

这个家伙，这么讨厌日本，却又常看《多啦A梦》和《迪迦奥特曼》。

喜耶？忧耶？

独睡的孩子

"快上床，看看，又超过了五分钟！"我装出嗔怪的模样。

"才过五分钟呢！"孩子涎着脸，笑着说。

"我们可是说好了，八点半准时上床的啊！"

"知道了，知道了……"他拖着长音道。

他快速地钻到被窝，身子一缩，全身都进去了。

"把头露出来！"我冲被窝说道。

他把头一探，闪着大眼睛，冲着我笑。

"别把被子弄乱了，现在可不像夏天，冻坏了可要去打针的哟。"

"知道啦……"他再次调皮地说。

我转过身就要走，又听到他熟悉的叫声："爸爸，手机……"

"拿着呢。"

"妈妈的呢？"

"她拿走了。"

"她的两个都拿走了？"

"是的。"

——我有些烦了。有一次，我们把手机忘在家里，有人打电话，手机铃声把他吵醒了，又关不掉，急得他大哭。所以，以后每当这个时候，他都再三嘱咐我们要带走手机。

办公室离家不远，除去七层楼梯，只有二三百米的距离。每个晚上，我和他妈妈都要去那里工作一阵，有时是她先去，有时是我。八点半孩子上床后，我就算了了一件事。不到七岁的孩子，独睡已数年了，早已经习惯了这样的处境。

总想给孩子找一个好的受教育环境，于是四处奔波，到如今却身处斗室，喜耶，悲耶？

我轻轻地带上门，叹了一口气。

十一点半，我与妻子一块儿回来。轻轻地打开门，却见孩子睡在地上，呼吸均匀，身子被被子紧紧地裹住。

我们心里一酸，小心地把他抱到床上。

中国式教育

一家三口正在吃午饭。

孩子不经意地往外看着，突然失神地说："自由自在多好啊，我要是像它就好了。"

妻问："你看到了什么？"

我和妻子坐的角度看不到门外，我还以为孩子看到了小鸟什么的。

孩子仍然专注地望着外面，说："一张白纸从楼顶上飞下来了，飘啊飘……我要是像它就好了……"

我似乎意识到问题的严重性，这么小，就想要无拘无束？不行，要教育教育。

我问他："你真的想当那张纸吗？"

"当然呀。"他的头回也不回。

"它现在的确很潇洒。可是，它知道它会落到哪儿吗？"我进一步诱导着问。

"不知道。"他说。

"它也许会落在楼顶上，一辈子下不了地；它也许会落在树顶上，再也找不到自己的爸爸妈妈；它也许会落在垃圾堆里，变得又脏又臭，腐烂在那里；它也许会落在大街上，被人踩来踩去……"我煞有介事地说着。

孩子不知不觉回过头，睁大眼睛望着我。

我也意味深长地望着他。

孩子似乎明白了，接着我的话说："它也许会落在大海里，再也……"看着他认真的样子，我突然有点儿害怕。我看了妻子一眼，说："不行啊，这样教育不行……"

于是我又对孩子说："即使它落在大海里，但毕竟曾在天空中飞舞过，自由自在过……"

我真恨不得打自己一个嘴巴。

似乎又听到崔健在那儿忘情地唱："你们读书人最爱变了，好话坏话都让你们说了。世界上有两件事最容易，一个是吹牛，一个是写字儿……"

三轮车，跑得快

一家人正在吃力地往七楼爬。

孩子永远是开心的，他边爬边忘情地唱，气喘吁吁。

"三轮车，跑得快，上面坐个老太太。要五毛，给一块，你说奇怪不奇怪？"

我们都笑起来。他妈妈逗他说："奇怪奇怪真奇怪。"我也不禁想起孩子尚小时听这首歌时入迷的模样。

孩子依旧漫不经心地，边喘气边说："这有什么奇怪的？要五毛，老太太没零钱就给一块，拉车的再找老太太五毛钱就是了嘛！"

我和妻子猛地怔住了！是啊，这么简单而又显而易见的事情却被我们成年人当作笑话唱了许多年都浑然不觉，是我们热衷于沉醉在别人的愚蠢中，从而显出自己的高明，还是我们本来就愚蠢？

我再也笑不出来了。

  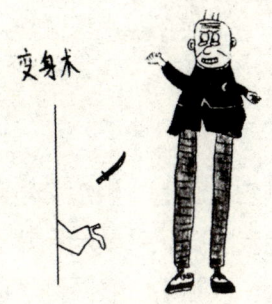

变身术

永远最爱的花

孩子就在我工作的学校上学，二年级了。

作为老师的孩子，他可能有些优越感。有时下课了他就跑到我的办公室，说想见见我，或者想和我说两句话，或者给我看一件同学给他的小玩意儿，然后又跳着跑出去。有一次，他刚走到我办公桌前，看见同班的一个男孩子也跟进来了。他忙转过身，边把那孩子往外推，边十分郑重地说："这是中学老师的办公室，你不能随便进来的！"那认真严肃的模样让我忍俊不禁。把那孩子推出门外，他才跑到我跟前，笑着。我说："你不是中学生，怎么也跑到这个办公室来了？"他说："我来看我爸爸呀！"

今天早上看他们做早操，二百多张可爱的脸在清风中绽放。我毫不费力地找到了那朵最令我牵挂的花。这朵花并不最艳，也不最美，但它最夺我的目光。我看着他，微笑着；他也看到了我，笑了，脸可能因为有些害羞而红起来。接着，他把目光移向别处，神气十足地挥手抬脚。

孩子，世上的花儿有无数朵，你永远是我最爱的一朵。

给爸爸洗脚

孩子下午放学回来，兴冲冲地说："爸爸，我们今天的作业是帮你或妈妈洗脚，然后写一篇文章。"我们觉得这样的作业很有意义，于是很高兴。

孩子兴奋地给我端水洗脚，然后就坐在那儿写作文。十分钟左右，他抬起头，说："爸爸，我写好了。"

"你念给我听吧。"

"好。"孩子清清嗓子，一本正经地念起来：

"今天晚上，我给爸爸洗脚。我说：'妈妈，快点儿端水。'爸爸说：'你给我洗脚，就要自己端水。'我就端了一盆水。开始洗了。我摸到了爸爸的脚，很粗糙。我闻到了爸爸的双脚，很臭。洗完了，我帮爸爸擦脚。我说：'把脚背翻过来。'爸爸翻不过来。我只好用毛巾擦他的脚背。"

他念完了，问："怎么样？"

我和他妈妈先是睁大眼睛互看了一会儿，然后他妈妈大笑起来。我脸有些红，忙说："不行不行，怎么写我的脚臭呢？我怎么闻着不臭啊？"

孩子说："就臭嘛，我就是闻到了臭嘛。"

"那也不行，要是让你们老师和班上的同学知道了，多不好！不行，要改一改。"我坚持道。

"怎么改？难道还要改说你的脚好香不成？"他妈妈仍在取笑。

"你的脚根本就不香。"孩子也坚持道。

"算了，不能让孩子说假话的。"他妈妈好像正经起来。

"不行不行，又不是写你，你才不关心呢！"我边说边寻思，"这样吧，小家伙，你过来。"

孩子鼓着小嘴巴过来了。

"也不让你全擦掉，那多累啊。你看，你把'粗糙'这两个字改为……"

我还没说完，小家伙就接口道："你的脚一点儿也不光滑。"

"不是改为光滑，改为'温暖'总可以吧？你再摸摸，我的脚总算是热的吧？"

"那好吧……"孩子还有些不情愿。

"这一句呢，'我闻到了爸爸的双脚，很臭'，我看看有多少个字，一二三……一共十一个字……就改为……就改为'我把爸爸的双脚放到水里'，一个字不多，一个字不少，恰好放进你的格子里，又没说假话，行了吧？"

"行吧……"孩子终于屈服了。

一天后，我看到老师的评语："你真是个孝顺的好孩子！"

我暗松一口气——你差点就知道了我的一个秘密！

给妈妈过情人节

　　早就知道今天是情人节，也想为妻子准备些什么，可是，想归想，却没什么行动。中午，她有心无心地说了一句："今天是情人节。"我点点头。下午，事儿特别多，一直忙到六点钟。孩子要拿钥匙回家了，我说："今天情人节，你说给妈妈买什么东西？"

　　孩子问："什么是情人节？"

　　我一时语塞，含糊一句，说："就是……就是……两个要好的人的节日。"

　　孩子回答得很干脆，说："那是你们的事儿。"

　　我说："你们不要好吗？"

　　他怔了一下，说："快点快点，'蓝猫'快开演了，我要回家了。"拿着钥匙就跑，回头说，"你帮我拿书包啊。"

　　妻子还在办公室那边忙着工作。我先走了。等我回到家，孩子正在专心看着《蓝猫淘气三千问》。

　　我说："妈妈的礼物怎么办？"

　　他说："我画张画给她吧。"

　　我说："行，你画，我做饭。"

　　"那你要做丰盛一点哟，让妈妈回来有一个惊喜。"他边看动画片边和我说。

　　我点点头，翻翻冰箱，找到一块牛肉、一棵花菜、一棵白菜，还有一棵大头菜。唉，就这些东西，也不知道如何丰盛。

　　习惯地先洗中午的碗筷，切肉，我边切边朝外面喊道："你怎么还不画呀？"

　　"我还没有看完呢。"他冲着厨房喊道。

　　我只好等他看完。他跑过来，问："爸爸，在哪儿画？一定要找张好纸。"

　　我笑笑，帮他找了张A4纸，他就伏在小桌上用起功来。

我正炒着菜，他推开厨房门，说："爸爸，画好了。你看，这是一张桌子，上面有电脑，有音箱，还有一瓶花儿。这边是你，说的是'送给你'，这边是妈妈，在说'谢谢'。"

我仔细一看，画得比以前水平高多了，忙说："不错，不错，你再写上'情人节快乐'，还写上'儿子、爸爸'。"

等他神气地过来，我发现画上的"情人节快乐"居然是勾的空心字。

妻子回来了，先是专心地听孩子绘声绘色讲解，再是专心地吃着并不丰盛的晚饭。简简单单，这天就要过去了。

情人节，情人够节约的了。

轮流班长

早在几天前，小家伙就兴奋地说："过几天我就要当班长了！"

周一，我发现他脖子上多了条蓝色的带子，下面还晃荡着一把半旧不新的大钥匙。一瞅，不是自己家的，我才想起，这家伙升官了。

吃午饭的时候，他大口嚼着饭菜，还忍不住地说："当班长真好！可以管锁门、关灯、关窗子，真好！"然后又补充一句，"所有的窗子都归我管呢！"

"真的？"我逗他。

"当然了！"他有些不屑似的。

"你的权力可真大呀！"我又捧了一句。

"一般般啦……"他学着港台明星拖着长音，那种自得与陶醉让我真恨不得打他一拳。

与妻子对望一眼，两人没敢笑出声来。

鸡蛋与三八节

之一

孩子跑到我的办公桌前，说："给我一个鸡蛋！"

我一直不太欣赏他说话的语气，我说："我这里哪有鸡蛋啊？在家里你又不爱吃！"

他忙说："我不是吃，我是要养着，养着，你知道吗？"

我满脸疑惑，问："是养小鸡吧？养鸡蛋？"

他把小手摆个不停，连说："就是养鸡蛋！我们老师说了，明天是三八节，我们要感谢妈妈。我不是七岁了吗，也就是说妈妈养了我七年了，多不容易啊！"

他一口气说完，然后长长地换了口气。我笑着看着他认真的样子，心想，这话你才不会说呢，你背老师的话可真是有一套！

"还有呢？"我接着问他。

"妈妈多不容易啊，我们也要体会一下当妈妈的难处，所以，我要养个鸡蛋，上学时带到学校，放学时带回家，要小心翼翼的，不能弄破了，要爱惜它，因为它就是我的小宝宝。"

我终于明白了。就像那次帮爸爸洗脚一样，这又是一个增进亲情、锻炼能力的活动。一个鸡蛋算什么，行！

到了家，我说："你的孩子在冰箱里，你拿一个吧。"

他兴冲冲地打开冰箱，拿出一个鸡蛋，捧在手里，两手不住地翻弄着，嘴里不停道："我的孩子，我的孩子，真好，真好！"

我说："你先把冰箱门关上啊！"

他侧过身，用屁股一顶，冰箱门"砰"地关上了。

他突然说："我的孩子，我要给它找个家。"他低头瞅瞅身子，一笑，右手便把自己的裤子往外拉。松紧带很紧，他好不容易拉条缝，左手握着鸡蛋就伸了进去。

我一下子紧张了起来，忙大叫道："小心！"

他笑着看我一眼，那眼神明显告诉我是在瞎操心。他左手慢慢地松开，抽出，右手就在外面轻轻地捂着，再一看，小肚子上凸出了一个光滑的小包。

"哈哈，我的小宝宝。"他得意得很。

我虽然也在笑，但还是有些紧张。他的裤子有些小，紧紧地绷在肚皮上，要是他的小肚子一用力——完了！

我装作不在意，说："真像原来妈妈怀你的时候——行了，拿出来吧。"

他有些舍不得。不过在我的劝说下，他还是小心地把左手伸进去，握住鸡蛋，但那圆鼓鼓的手却又难以与鸡蛋一同拿出。他只好弯着腰，不住地吸着气。小心地、慢慢地，小手终于拿出来了。

今天早上上学，一路上他都摆弄着那个鸡蛋。

我真担心这个鸡蛋的命运。

之二

早上在去办公室的楼梯上，发现一摊黄色物体，我忍不住笑起来：这肯定是哪个小家伙的"小宝宝"不幸牺牲了。我这才想起孩子们还要继续当爸爸或妈妈，一直到下周一把自己的"孩子"完整地交给老师验收为止。为了防止"狸猫换太子"，每个鸡蛋都被老师用红笔画上了标记，煞是鲜艳。

我又想起一事，令人不禁莞尔。昨天中午放学，孩子从口袋里掏出鸡蛋，说："爸爸，把鸡蛋煮熟。"

我一愣，想：也许是怕生鸡蛋太容易破了吧。不过，都拿着不怕破的熟鸡蛋，这项活动还有什么意思呢？于是我问："为什么？"

"老师说了，怕禽流感。"孩子非常认真地说。

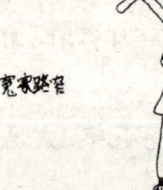

　　我明白了。今天早上学校开了一个紧急会议，说是广东出现了首例因禽流感死亡的事，全校上上下下都紧张起来，除了消毒、晨检外，为了不传染，连眼保健操也取消了。而现在，小爸爸小妈妈手里的小鸡蛋也要遭殃了。

　　我不太喜欢风声鹤唳。我说："那不行啊，那样你的小宝宝不就太可怜了？"

　　他明显也舍不得让"怀"了几天的"孩子"在开水里洗澡，于是说："那……不煮了吧。"便又把鸡蛋小心地收起来了。

　　上学路上，看到好多小学生手里都捧着自己的"小宝宝"，形成街边一景。有个小女孩一手拿一个，说要养一对双胞胎，别有情趣。

　　唉，七天之后，成功者肯定喜悦。但小孩子中粗心大意者也不少，如果失败了，会不会给他们留下某些阴影呢？实不知也。

之三

　　我正端详着这个小小的鸡蛋——孩子的"小宝宝"。

　　泥土般的蛋壳，小头在上。顶上写着"3.8"，中间是一对大眼睛，都是用红笔草草地一圈而成，左眼的眼眶还有一个不小的缺口，眼圈四周向外辐射着五六根睫毛，像幼儿画的太阳似的。眼睛下面是两个对钩，一大一小。小的是鼻子，大的自然就是嘴巴。弯弯地一挑，显出得意之色。这模样，有点儿像光头陈佩斯。

　　右眼角再往脑后去，则有一圈不规则的裂痕，中间向下陷去，从缝里似乎还可以看到里面的蛋皮。有一条较长较细的裂痕，竟一直延伸到嘴巴上，仿佛可以看到小脑袋的痛苦。

　　后脑勺上，则是用铅笔写的三个字。那个"尘"字的最后一横使劲一划，似流星消失于太空，可见孩子写完这三个字后的得意之情。

　　也就是昨天下午吧，孩子跑过来，从书包里拿出鸡蛋，递给我，有些不好意思。我笑着看他一会儿，说："受伤了？"

　　他忙说："没有没有，用透明胶布粘上就行了。"

我说："粘上也痛啊！你还天天拿着吗？"

他爽快地说："不不，就放在你这里吧。我星期一交就行了。"

看着这个就要遭遇不幸的宝宝，我想，再让他拿来拿去也不是明智之举，于是，就放在了我的办公桌上。

唉，成熟的爷爷总比顽皮粗心的爸爸好多了。

猜信息

"让我看看这是什么。"孩子伸手就想抢。

我将手一抬，他的手便落个空。我说："别动，这是学生的钱包。"

"哪有这么漂亮的钱包？让我好好看看！"他又缠了上来。

我把钱包给了他。

黄黄的方包，巴掌大小，外面配些红色的小花饰，一条长长的黄带子，充满青春活力。

孩子说："我看看有没有钱。"伸手便拉开拉链。"哇，一百多块呢，这么多钱？是她给你的吗？"他眼神里充满兴奋。

"不是。"我摇摇头说。

"那怎么在你手里？"他不依不饶地问。

"她忘记带了，就发信息给我……你猜猜，她的信息是怎么说的？"我问道。

"不知道。"孩子张嘴就答。

"想一想，假如是你给我发信息，你会怎么说？"我启发他说。

"我会说……把我的钱包拿着……"他边想边说道。

"在哪儿拿呀？"我追问。

"不知道。"他眨了眨眼睛说。

"你想一想啊，学生的钱包，最有可能在哪里呀？"我继续启发他。

"在……在教室里……"他恍然大悟地说。

"教室那么大……"我进一步问道。

"哦，对了，一定在她的抽屉里！对，在抽屉里！"他高兴地说。

"好，不错，那你的短信又该怎么说呢？"我问。

"我说，我说……把我放在抽屉里的钱包拿着……"他被我追问着说。

"叫谁呢？"我抓着他的漏洞问着。

"哦哦哦，老师。"他不耐烦地说。

"就那么叫？一点礼貌也没有！"我故作威严地说。

"对，还要加个'请'字。"他似乎受到了启发。

"那你把这句话说完整吧。"我摆起老师的架子。

"老师，请你把我在抽屉里的钱包拿着——怎么样？"他试探着问我。
"你的钱包怎么在抽屉里呢？"我问。

"可能是忘记带了。"他随便找了个原因。

"所以啊，最好把原因也加上去。怎么加？"我进一步说道。

"老师，我的钱包忘记在抽屉里了，请你去拿一拿。可以了吧？"他终于有点不耐烦了。

"拿一拿？就这样拿一拿再放进去啊？不准确。应该是……"我还是不满意。

他笑起来，想一想，道："老师，我的钱包忘在抽屉里了，请你去先拿着，明天再还给我，行吗？"

我也笑起来，说："你说我明天会还吗？"

"会。"他肯定地说。

"你说她知道我会还吗？"我又问。

"也会。"他十分肯定地说。

"所以啊，'明天再还给我'这句话可以不说。行了，你再把你的信息说完整吧。"我不依不饶地说。

儿子字斟句酌道："老师，我的钱包忘在抽屉里了，请你把它先拿着，好吗？要不要'谢谢'？"他抬头看了看我。

"加上吧。这个很重要。"我心中越来越满意了。

孩子突然问："爸爸，让我看看你的信息，她是那样写的吗？"

我笑起来，道："呵呵，不能看，看了以后啊，她的形象会在你心目中大打折扣的。"

我家的小猪

儿子正在看动画片《西游记》，我叫道："关上关上，妈妈回来了，我们要去接她。"

他满脸不开心，说："我不去。"

"妈妈上不来，咱们扶她上来。她要是看见你了，一定非常开心，病也好得快呢！"我知道要说动他需要一番言语，于是便不急不缓地说。

"你一个人去嘛，我去干啥？"他还是难受的样子。

"你是不是咱家的人啊？我们三个人是不是一起的呀？"我问他。

他不说话了，但还是不情愿。

"快走，妈妈快上楼了。你不去我生气了啊！"我假装板起了脸。

他懒懒地按个"暂停"，慢慢地跟着我出了门。

我说："还不开心呀？假如是你病了，我和妈妈都不理你，你高兴吗？"

他摇摇头。

于是我说："是啊，现在妈妈不舒服，我们要是都不理她，她也不高兴呀。为了让她高兴，我们一起去，她一定很开心！"

他笑起来。儿子如果回过神来，什么都乐意接受。

在二楼接到妈妈，他兴奋地冲上去，让他妈妈高兴一番。回到家，三人吃饭。莴笋炒瘦肉，儿子吃得津津有味。这个儿子太好养了，什么都吃，从不挑食。看到他喜欢吃的，便两眼放光。有时溜到厨房，总是偷偷地拿几块炒好的肉吃，出来后便得意万分。

看着他那投入的吃相，我忍不住道："你这头小猪真不错！"接着又补充一句："猪妈妈表现也不错。"他边嚼边道："猪爸爸也不错！"一家人大笑。他妈妈说："我们家不就成了猪窝了吗？"

晚上让他早睡，我说："想不想看世界杯呀？"他连说想。我说："想看就睡，三点我叫你。"他便忙着去睡。其实到了三点，怎么叫他也是叫不醒的。第二天早上，他刚一醒来，就问："你怎么不叫我呀？"

他妈妈道："怎么没叫？都把我叫醒了！'清尘！看球！德国！意大利！'你就是不醒！"他不言语，憨憨地笑了。

他问："谁赢了？"

我说："意大利。二比一。"

他说："德国要回老家了。"

我说："不用回，就在他家里比。"

他笑了，转而又问："哪一个洲的水平最高？欧洲吧？"

我点点头，又问他："你说哪一个洲的水平最低？"

他想一想，说："不知道。""

南极洲。"我忍住笑。

他随口"哦"了一声，突然叫道："没人呀！"

我大笑。

他又补充一句道："你让企鹅怎么踢呀？"

一家人笑。

优秀班干部来之不易

一个星期前吧，孩子拿出一张纸，说："怎么填啊？"

我一看，一张"优秀班干部"申请表。平时我只知道他是一个数学课代表，还不知道他兼任何职，居然能获得这份荣誉！问他，他也不知道自己当过什么官。我想，还是教师子女好，这些同事啊，关键时候还是很会照顾人的嘛！

他不会填写的是"主要事迹"一栏。这对于一个二年级的小家伙来说，对于一个除了收发作业真的没干过什么事的人来说，确实有些难度。好在他爸爸是个还不错的语文教师，经过多方面巧妙的启发诱导，居然还让他写出了一二三四条。他看了这些事迹，很是兴奋，觉得自己好像比以前更光荣伟大，也更应该得这个荣誉似的。

今天早上，他年轻漂亮的班主任对我说："我给你讲讲你那小家伙的故事，笑死人了。"

我对孩子的老师向来比较尊敬，忙毕恭毕敬地倾听。她笑着给我讲述了孩子的荣誉是如何来之不易。

原来前不久班里以投票的方式推荐"三好学生"与"优秀班干部"人选，她班里有几个人得了全票，而小家伙呢，票数并不多，所以，也就没有定他。当天晚上，她接到一位家长的电话，告诉她小家伙没得高票的原因。原来小家伙爱踢足球，放学后，班里总分成两队，踢得热火朝天。因小家伙当守门员时，常常舍身扑球，让对手久攻不入，所以，对方那些人不开心，便商定一致不投他的票。

班主任第二天找到相关同学一问，果真如此。于是，法外施情，给了小家伙一个荣誉。

我听了哈哈大笑，想不到当守门员居然也会遭人暗算。想想一个个七八岁的孩子调皮可爱，才知道中国民主之路走起来是多么不容易。

世界上最好听的两个字

周五下午，放学回了家，我便开始做饭。儿子在外屋收拾好自己的东西，焦急地转来转去，不停地问："好了吗？还没有好呀？"

我耐心地说："早着呢，妈妈没那么快回来。再说，她回来了，假如没有饭吃，多可怜呀。"

儿子点点头，不言语了，但明显看得出来，他的心早在外面了。

做好了饭，换好鞋，我们便出去。看着他妈妈来的信息，说已经不远了，我们就加快了脚步，沿着湖边，快速向车站走去。

家离车站也就是二十分钟的路，打的不合算，走起来又辛苦。不过，为了让在教室里坐了一周的乱长横肉的小家伙消耗消耗脂肪，走走也不错。

我步子很快，他更快，小跑着，一会儿就冲到我前面去。见我落在后面，他就说："你对你老婆怎么这么无情无义？"

我问："怎么了？"

他说："我看你一点儿也不着急去见她。"

我笑笑，依然匀速快步走着，一会儿就追上了他。

他牵住我的手，说："我好想妈妈哟。"然后话一转，道，"不过，这一周过得也真快，一会儿就周五了。我要让这五天过得快快的，那两天过得慢慢的，你说好不好？"

"当然好啊，不过，妈妈回来了，你又不珍惜，有时也不听她的话。"

他似乎有些不好意思，停一会儿才说："我现在不会了嘛。"

走着走着，他已经跟不上我的脚步。我不理他，让他在后面追我。他跑一阵，抓住我的手，喘着气，说："等我一下，等我一下。"

我回过头，笑道："你怎么对你老妈这么无情无义啊？你一点儿也不急于见她。"

他先是一愣，然后就瞪着我笑。

终于进了车站大门，我看看表，13分钟，才感觉到自己也出了不少汗。我们放慢了脚步，儿子依然沉浸在就要见到妈妈的喜悦之中。

"妈妈，妈——妈，这是世界上最好听的两个字。"儿子自言自语似的。

我心一惊，突然感觉到，这是我听到的世界上最好听的一句话。

两分钟后，他妈妈从车上下来了。

接孩子

中午提前半个小时偷偷溜出学校，想去孩子的学校给他办转学关系，可是没找到人。想找班主任、数学老师了解一下孩子这段时间的情况，两人都去上课了，我只好站在校门口，等着孩子一起回家。

校门口早就站了许多人，三四十岁的、六七十岁的，都有，应该都是来接孩子的。开学这么久，我是第一次跑到学校门口等孩子，这种情景我既熟悉又陌生。我想起他幼儿园时我接他的情景：一大堆老爷爷老奶奶，簇拥在大铁门前，挤来挤去。大门一开，人群便如潮水般拥进去，景象煞是壮观。

这里的家长似乎少了一些。有些人探头探脑地透过门缝往里面瞅。我则站在街对面，拿了一份报纸闲看，不时瞟瞟对面。

下课铃终于响了。过一会儿，三三两两的穿着校服戴着红领巾的孩子出来了。有的被家人接走，欢天喜地；有的可能是自己回家，径自走着。我的眼睛也不由得盯住校门。因为孩子的校服还没有发下来，所以，他的衣服应该是很容易辨认的。我平静地扫了一眼，便又看一会儿报纸。如是数次。

怎么还没见人影？看看表，已经过了六七分钟了。是不是我看报纸的空儿孩子走过去了？我有些不安起来，往家的方向狠狠地瞅过去，也没见那土黄色的身影；再看看校门，出来的依旧是那些穿着校服的孩子。

是不是应该进去看看？我迟疑着。再等一会儿吧。我有些后悔自己买什么报纸，好不容易一次亲临校门接人，假如没接到，那是多么巨大的情感损失！假如他已经回了家，而又进不了门，那种焦急又是多么折磨我的心。

我焦急起来。正在这时，又出来一大群人。那个熟悉的脑袋一下子映入我眼中，虽然他的衣服被其他学生挡得严严实实。我长长地舒了一口气，心想：这哪里还需要寻找？只要他是你的孩子，一出现就自然会跑进你的视线中去！

他一个人走着，在门前小摊停了下来，专注地看了一会儿，又走几步，在另一个小摊前停下来，看几眼，又走开了。

我过了马路，本想就跟在他后面，看他一路的表现。可是跟了几步，实在忍不住，就加快步伐，用卷起的报纸轻轻地敲了敲他的头。

加两分钟

儿子爱看《老夫子》，到了书店，就找到那样的一小册书，盘腿一坐，喊也喊不走。家里已经有几十本了，但一看到有卖的，他还是眼睛发光。

看得多了，情节他也记住不少，上学路上放学路上，我做饭的时候，甚至我看书的时候，他总爱说："我给你讲个《老夫子》吧。"

不知道他的水平是否会因此而长进，不过，他的确记住了不少成语。《老夫子》每组漫画都有题目，而多为四字词语，有不少是成语。孩子因爱看漫画而能学点儿东西，使我觉得有捡了便宜的感觉。听着他有时候张嘴就是一个非常恰切的成语，自己都觉得很惊奇。

他也爱玩电脑，记得以前还因为迷恋游戏被我狠狠地揍过。现在，因为所处环境发生了一些变化，他对游戏的痴迷程度有所下降，平时不玩，周六周日再玩。为了限制他玩的时间，并激励他做一些好事，我们把周末一日玩游戏的时间定为三十分钟，有突出表现就可以适当加些时间，比方说，帮忙扫地，加五分钟；端碗，加两分钟；拖地，加十分钟等等。后来发现他喜欢《老夫子》，就对他说，如果说话时能用上一个新词，就加两分钟。这个举措令他很兴奋，结果，他在不停地加时间。不过看到他稚嫩的嘴里蹦出一个个新鲜的词语，我们也很开心。

放学路上，他跟在我后面，手里拿着一片大叶榕叶子，不住地扇着。他边走边一本正经道："这荒山野岭中，哪来这么奇怪的叶子呢？"我一听，纯是矫情：什么荒山野岭？这是南湖边，旁边都是大叶榕！

他似乎没有在意我的表情，兀自道："这一片片叶子啊，从天而降，落到地上……"

还挺有诗意的。不用说，要给他加四分钟。

到了家，我忙着做饭，他忙着从冰箱里取酸奶。扯下吸管，撕下塑料皮儿，一扔，就放在灶台上。我生气了，说："放在哪儿啊？"

他忙拿到手里，道："这是物归原主。"

我更来气了："你不会放到垃圾桶里啊？"

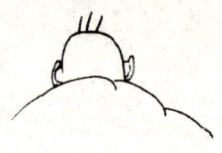

他不理我，拉长声音道："加两分钟……"

——物归原主？只好又给他加两分钟。

"神六"升天

儿子来到我的电脑旁，说："爸爸，这道题我不会做。"

我看看题，是这样的："中国神六升天，老百姓心情愉快。我想到的成语有_____"。

我说："不是写表示高兴的成语吗？"

"六神是什么？"他问我。

我笑了，说："不是六神，是神六，不知道？"

他摇摇头。

"神六，宇宙飞船……"我怕他不清楚，忙把本家的英雄搬出来，"聂海胜，知道吧？"

他马上笑道："知道了，是神舟六号啊，我还以为是六个神仙升天呢！"

我大笑。但马上又想到：给孩子的任务，来不得半点儿缩水。

"人渣"

儿子拿着书走过来，问："爸爸，这个字读'查'还是读'扎'啊？"

我一看，"渣"字，课文下面的生字。我对这个字有本能的警惕，淡淡地说："读'扎'吧。"

"'渣'是什么意思啊？"

"是比较细小类似于粉末一样的东西吧。"

"我们预习还要组词呢，组什么词？"

"木匠砍过的木渣啊，煤烧完之后的煤渣啊，都可以。"我谨慎地给他提供一些不带任何感情色彩的词语。

"爸爸，能不能组'人渣'啊？"儿子问。

我心一紧，没想到还是没有躲过这一关。我说："最好不要。这是一个非常难听的词。"

"是不是对别人的侮辱？"他问。

"是的，是很重的侮辱，说别人别人会很伤心的。"我小心地暗示着。

儿子似乎想了一会儿，说："我们老师就骂别人是人渣。"

我吓了一跳，忙说："不会吧，你们才三年级啊！"

"是的。她在我们班里骂，我们都听到了。"

"那个同学怎么了？这么惹老师生气？"我问。

他说："我也不太清楚，他好像也没有怎么着。"

我吃惊地说："那她是怎么骂的？"

他老老实实回答："她说：'××，你真是个人渣！你要是人，你就来上学；你不是人，你就滚回去！'"

我默然。一个中年女教师，这么骂一个八九岁的小男孩……

我不由得为自己的孩子担心。

"落汤鸡"与"幸福鸟"

晚饭吃得较早，而儿子的作业又写完了，于是，我就约他去湖边散步。一路上，他不停地说些成语，使得时间一涨再涨。他也兴奋得直笑。

湖还没有绕完，天竟下起雨来。起初点点滴滴，我们还不在意，接着密起来，使得湖面的金光不住颤动。我们赶紧往回跑。

　　冲到路边的屋檐下，我们才放慢脚步，他早大喘着粗气。我笑他身体看似棒，其实不行。他说："我们跑得这么快……快成了落水鸡了。"

　　我纠正道："不是'落水鸡'，是'落汤鸡'。"

　　他"哦"了一声，似乎在回忆，说："落汤鸡？好像在哪儿听过……爸爸，这个词经常用吗？"

　　我笑道："是啊，经常用……不过，你要是有伞，就用不着了。"

　　他随口接道："我要是有伞，就是幸福鸟了。"

　　我张大嘴巴望着他。落汤鸡，幸福鸟！张嘴就来的佳对！再看他，浑然不觉自己的创举，边走边踢着脚下的树叶！

父与子 （一）

　　放学时，与儿子走在一起，总有不少话说。

　　出了校门，就是南湖。靠近岸边的水里，曾竖着一个警示牌，上面写着"湖水深深，珍爱生命"。也不知道什么时候，这个牌子好像被什么东西猛地撞了一下似的，由大腿根处往外折，那写着两行字的铁板就像杂技演员在表演下腰似的半淹在水里，看样子再也没有直起腰的可能了。

　　我俩曾对这个牌子的命运发出过感慨。它虽在警示别人，却忘记了保护自己。今天，当我们又看到那个已无"擎雨盖"的"荷"时，儿子道："我们来想象一下它是怎么被撞倒的吧。"

　　我很喜欢这样的游戏。现在的创新阅读不就是这么玩的吗？

　　我说："行，你先说吧。"

　　儿子想了想说："我猜啊，它是被鱼撞倒的。"

　　——湖里鱼的头哪有这么硬？但我说："有可能！那鱼可能也不好受啊。还有吗？"

　　儿子说："该你说了。"

　　我笑笑，说："让我想一想……也许是风吹的。"

　　儿子说："这两天也没有这么大风啊……不过，也算一个理由。该我说了……"

　　我们就这么胡言乱语，有说是被船撞倒的，有说是龙王爷弄倒的，有说是飞机失事撞倒的，有说是自己站在那里太久了挺不住而倒下的……有的说法连我们都觉得可笑，还没有说出来自己就大笑起来。

　　由飞机失事，他又马上想到百慕大三角区，又让我们来猜测原因。他说可能是有人在飞机上使用无线电通信工具；我说也许海里有大磁场（这是我偷偷看来的）；他说下面也许有活火山，飞机经过时恰好喷发；我说也许飞机里有一个大胖子，这么一跳——我高高地跳起来——飞机一下子受不了，就"呜"地栽到海里了。

　　他笑道："哪有那么大的胖子？"

　　我说："也许那胖子这么一跳，把飞机踩穿，两脚这么悬着，当飞机的轮子……"

　　他想象着那种状况，兴奋地哈哈大笑。

　　不知不觉中我们进了小区，进了电梯。我问他："你幸福吗？"

　　他说："幸福。"

　　我看看他，忍不住搂住他的肩，把他拥到怀里。

　　他不作声，看着我，眼里都是蜜。

　　突然，他使劲地把我推开，说："不行不行，有伤风化。"

　　我说："爸爸抱儿子，伤什么风化？"

　　他靠在电梯的里角，用小手指指电梯顶端，说："回家抱可以。"

　　我笑了。原来那里装着摄像头。

　　"哼，回家要做饭，我才不抱你呢。" 我嘴里说。

年龄过期

吃晚饭时，小家伙嘴也不闲着，不住地构思着未来属于自己的商场。

我问："假如你有了商场，你当什么呢？"

"董事长！"他毫不犹豫地说。

坏了，他把最大的官儿拿走了。我小心地问："那我呢？"

"总经理。"——还不错，这也是我求之不得的一个官儿。

奶奶在旁边笑。我问："奶奶当什么呢？"

"小职员。"他也是毫不客气地说。

见我脸上有些失望，他忙解释说："奶奶年龄过期了，别的事不能干了。"

年龄过期？——新鲜，第一次听说！

一个新词是怎么被掌握的

也不知道是什么时候，或许是一个月前吧，儿子问我什么是"马后炮"。我猜测，他又是从漫画书《老夫子》那里见到的这个词。

我就用他能听得懂的语言给他解释：一个人开始时并不知道答案，当别人告诉他答案后，他说"我早就知道是这样的"。这个人就是马后炮。

我问儿子懂不懂，他点点头。

这事就这么过去了，一晃，就是几十天。

今天放学路上，他说："爸爸，我有一个同学是'马后炮'。"

我说："举例子来说。"

他说："上英语课，他拿一张马的图片，问我怎么读。我说是'horse'，他说，他本来就知道是'horse'的。"

我对他一笑。知道他理解了"马后炮"的意思。

下午上学，出了门，等电梯。看见电梯在八楼停了下来，一会儿又下到七楼。我们进去，见到了住在八楼的经常遇到的那个阿姨。打了招呼，出了门，等那个阿姨走远了，儿子悄悄地说："我猜着就可能遇到那个阿姨。"

我笑道："马后炮。"

他叫起来："是真的！"接着将右手向我一挥。

我笑着向旁边一跳，说："你进电梯前并没有说。"

他辩解道："我在心里说了！"

"事先没有及时说出来的都是马后炮。"

他瞪了我一眼，不说话，只是偷偷地又将巴掌向我袭来。

不过这次我没有躲。我知道，通过他与这个词的主动接触、由我介绍大意的感性认识、他自己把词与生活恰当结合，再经过我的看似漫不经心的强化，"马后炮"这个词会深深印在他的脑海里。

最后一笑

饭桌上，我拿着手机念妻子刚发来的短信："初三今晚化装舞会，一个个打扮得花枝招展的。"

小家伙忙转过脸，看着我，问："为什么？"

接着他忽然明白了什么似的，说："哦，这是他们的最后一笑。"

我大笑。却也不得不说，这真可能是那帮家伙初中阶段的最后一笑。

儿子似乎意犹未尽，又加一句："他们这是含笑一现。"

我忍住笑，说："不对吧，是'昙花一现'吧？"

他马上辩驳道："我们书上就说昙花在九点左右含笑一现……"

我没有再说下去，只是在想着把"含笑一现"作为"最后一笑"的那帮初三孩子。

以画易钱

晚上八点多，小家伙写完作业，说想画画。我说行。等一会儿经过他的房间，只见他趴在木地板上，前面摊开一张四开大的白纸，右手支着头，左手拿着圆珠笔，专心致志。纸上已经圈了不少图形，有他以前爱画的恐龙，也有他现在常画的鲸鱼。这两种庞然大物都张着满是利牙的大嘴，瞪着圆鼓鼓的眼睛，做出恐怖的样子。

他没理我，我笑笑，也没理他，就回到自己的房间。

一会儿，就听到他往这边走，边走边说："爸爸，我想卖钱。"

我扭过头，他正好进来。他两手提着画纸两角，说："爸爸，我想卖钱。"

我说："行啊，你去卖吧。"

"我想卖给你。"他两眼闪着狡黠的光说道。

"我不要。"我一口回绝了他。

"不行嘛！"他撒起娇来，"你看我画得多好！"

我想还是不能打击他，就说："是啊，画得不错。这样吧，你写一篇文章介绍一下你的这张画，然后呢，再写几句打动我的话，我就买。如果文章写得好呢，我就出个高价钱。"

儿子兴奋起来："多少钱？"我还没有回答，他又抢着说，"一百元！"

我嗔道："你想得美！干脆我来画，卖给你算了——再说你要那么多钱干什么？"

小家伙有些不好意思，说道："那你说多少钱嘛！"

我说："那要看你的文章好不好。——这样吧，你明天中午写一写，晚上加加工，行吧？"

他笑着点点头，提着他的作品走了。

——明天，他能交出个什么样的文章呢？

第一个打给儿子的电话

昨天晚上七点多钟，家里的电话响了。铃声在空荡的屋子里显得格外刺耳。

因为才搬进来不久，所以这个电话只有为数不多的几个人知道，而这几个人不是亲人，就是朋友。但是我接过电话一声"你好"后，听到的却是一个稚嫩的声音："我找清尘。"——居然视我为无物！

这是有史以来第一个打给儿子的电话！我的心情很复杂。在感慨儿子慢慢长大之余，不由得也有丝丝担心。我问过情况，知道他想问作业，就去叫小家伙。

小家伙似乎不相信，边走边不停地问："打给我的？真的是打给我的吗？"说着走到我床头边，拿起电话，他第一句是："你找谁？"然后就问："你是谁……我的同位……你叫什么名字……我是问你叫什么名字！"我在旁边也急了，你的同位你还不知道叫什么名字啊？又听他道："哦，原来是你啊，你找我有事吗……作业啊……我去看看再告诉你……"然后他放下话筒，"咚咚咚"跑到他的房间，停一会儿，又"咚咚咚"跑过来，问对方哪一页，哪一题。

我仔细地听着他说的每一个字。这是他的人生记录，而我又想在其中找到要对他讲的话题。我不想让小孩子在电话交流方面发展太早。我见过不少这方面的负面例子。

等他放下电话，我把他叫到身边，告诉他，不要随意把家里的电话号码给别人。他张嘴就是口头禅"为什么"。

——是啊，为什么呢？

我解释说："每个人的家庭电话号码都是个人隐私，都属于要保密的东西。你看，假如你把号码都公布出去，就会有很多推销和做广告的人往你家里打电话。你接吧，烦；你不接吧，又怕误了事。再说，如果电话深更半夜打进来，多吓人啊，那不成了"午夜凶铃"了吗？你看看，在深圳的时候，每天晚上我和妈妈去办公室，你都要叫我们把手机带上，还不是怕吵着你吗？"

——孩子点点头。

我接着说："现在你告诉同位作业，看似帮助了他，其实对他不好。"

"为什么？"他打断我的话问道。

我告诉他："你看看，如果你常常这么帮他，就给他带来这种感觉：上课反正可以不听，到时候可以问清坐的，这样一来，你不是反而害了他吗？"

——他点点头。

见他表示认同，我说："这样吧，你明天告诉他，只要上课好好听讲，就能记住作业，也不必晚上打电话，又浪费电话费。行吗？"

——他点点头。

小家伙还是个比较讲道理的人。从小到现在，我们都坚持，当我们要说服他时，爱说"听我给你讲道理"；当他要坚持己见时，爱说"你给我们讲讲你的道理"。通常道理讲完之后，事情也都解决了。

九点多钟，电话又响了。居然还是那个小家伙的。我说："他睡觉了。"就挂了电话。只听到儿子在他屋里道："你怎么骗他？"我感觉到又要有话跟他讲了。走进他的小屋，见他正跪在凳子上撅着大屁股趴在桌上画画儿。我又要给他讲对人无害甚至有益的"善意谎言"了。他是一听就明白的人。然后我告诉他："你看看，他到现在还不休息，对他也不好啊。记住，电话不要随便给别人。"

但愿他能记得住。

孩子啊

中午下班时分，我总是在办公室里等孩子一起回家。往日他总是在大致相同的时间气喘吁吁推门进来，说："爸爸，我回来了。"昨天倒有些例外。时间有些晚，他上来时满头大汗，后面还跟着学校扫地的阿姨，阿姨怀里居然抱着一箱学生奶。

我一下子明白了。放假了，学校把学生早餐奶也一次性发放完了。我赶紧谢谢那位阿姨，再看看小家伙，双颊通红，头发都被汗打湿了。我忙问："你自己搬回来的？"然后马上觉得这是明知故问。他笑着点点头，很得意地说："路上摔了好几跤。"

我惊讶地问："摔跤？"

"箱子摔下来了。你看，这里快摔开了呢。"他还是笑。

我有些恼怒：学校把一箱这么重的东西发给一个七八岁的孩子就放心吗？为什么连一个电话都不给家长打呢？我从不娇惯孩子，但是，当一个孩子背着十多斤的书包，提着早餐盒和美术用具盒，抱着这十几斤的牛奶，穿过两条马路，哪个家长能放心？他还是男孩子，那些小女孩又将怎么办？

好在他终于把它搬到了我这里——还是五楼。他说，他在二楼时实在搬不动了，手指头就像断了似的，就把箱子放在地上休息。那个阿姨就说要帮他。"我开始时不好意思，后来就说了谢谢。"他仍然笑着说。

我心疼地望着他，相信他是不会理解我心中的担忧的。

回去的路上当然是我来抱，到了家两臂酸痛。

我不禁多看了他两眼。

孩子遭勒索

昨天中午吃饭时，听到孩子低声说："我早说过我要换位，你也不跟老师说。"我看看他，没言语。一会儿他又说："我不想上学了，我想转班，或者换一个学校。"我皱皱眉头,问:"怎么了?"

他也不看我,只管吃他的饭,低声道:"我不说,说了你会骂我。"

我说:"你先吃饭吧。"他一定有心事,等一会儿再说吧。

我在他床上坐着等他。他吃完饭,我把他叫过来,把他按在床上,看着他的眼睛。我说:"宝宝,不怕,告诉爸爸,出了什么事了吗?"

他一下子抽咽起来,断断续续地说:"×××恐吓我。"

我慢慢地问明情况。原来×××是与他坐不久的同桌,平时在班里比较嚣张,长得也凶,说自己有一个哥哥会杀人,谁要是不听他的话,他就记下名字给他的哥哥,他的哥哥就来杀谁。他就以"我把你的名字记下来"恐吓,让小家伙做一些坏事。如叫他走到某个女孩跟前,说"你爱不爱我",或者说"你是爱我还是爱他",而×××就在旁边笑;下课时,强迫小家伙跟着他玩,或去厕所;上课禁止小家伙举手发言,甚至让小家伙在课堂上替他写作业。

"我本来上课认真听讲的,现在都听不进去了。"

我凝视着他,轻轻地把他拥到怀里。他在我怀里小声地哭。我把他推开,问:"他向你要过钱没有?"——我有这个担心,但我不希望这事发生过。

他的抽咽声更大了,连连点头,说:"有……有……"

我的心一下子提起来,问:"他要多少钱?"

他抽泣着说:"一开始时五角,第二次一块,现在又要两块……"

居然这么多次!我问:"你给他了吗?"

他点点头说:"给了。"

我问:"你从哪儿拿的钱?"

他回答说:"从我的钱罐里……我在你中午睡觉时偷偷地拿的,我拿的时候好害怕……"

我知道,他是一个不爱花钱的人。他写字桌上的那四元钱放了一两个月,现在还在那里。我完全体会到那种被迫偷偷拿钱时的恐惧心理。我又抱住他,让他在我怀里哭。

过了一会儿,我拍拍他的背,说:"好了,宝宝,不怕了,事情我都知道了，剩下的事由我来解决。"

他点点头。

我说："你应该早点告诉我的。"

他说："我害怕。我总觉得他在我身上安放了监视器，我不敢说，我怕他哥哥……"

我说："那些都是吓人的，没有人敢那样做，他要那样做早就被抓走了！"

他午觉也没睡好。自然，前一天我要求他写的那篇作文也没有写。

下午，我跟着他到了学校，这事应该先通报给他班主任。去得稍早了一些，我就在办公室外等。一会儿小家伙跑过来，说："爸爸，×××承认自己错了。"

我问："他知道我来了？"

他说："是啊，他还说要还我钱呢，说他哥哥都是假的，请我给他一次机会。"

下午事多，怕见不到他班主任，那么见见那个勒索者，看看是何方神圣也好。我说："你把他叫过来。"

小孩子蹦着过去了，一会儿就带过来一个人。看看那孩子，个子不高，长得也瘦，我的气不由得又上来了。我盯住他，他果然长得有点凶，原来他的左眼不光斜视，而且有些往眼眶里缩，给人一种恐怖的感觉。

心里虽怒，但也不宜以大欺小，只是训诫几句，他倒老实，连说愿意还钱。正说话间，却见班主任来了。

在办公室里我又将那些话重复一遍，班主任非常合作，说会处理的。双方时间都紧，客气几句，我就走了。

下午放学，我去接他。等了好久，才见他出来。他见了我的第一句话是"我可见到训人的场面"了。原来刚才班主任在办公室里把这些事告诉了×××的妈妈。他妈妈非常生气，狠狠地抽了他两耳光——"是这样的，"小家伙兴奋地说，"左边一下，右边一下，然后再骂他。"

事情好像得到了解决。他妈妈向小家伙说"不好意思"，说他没有哥哥，还归还了两块钱；班主任也把小家伙往前调了一排；小家伙的新同桌告诉他不要怕，要是那人再敢欺负他，她就请她四年级的朋友来帮忙。

我也松了一口气。走了一段路，孩子说口渴。我们就进了一家面包店，要了两杯豆浆。"你请客。"我说。

小家伙拿出钱，说："刚回来的两块钱就这样白白地花掉了。"然后就去付账。

其实小家伙的担心并没有全部消失。"明天我遇到他怎么办呢？"

我告诉他："不要怕，第一时间告诉老师或者我。实在不行，就和他打架，我不相信你打不过他！不过那是最后一招。"儿子说："爸爸，其实我内心是很胆小的。"我点点头。

晚上临睡前，儿子抱着我说："爸爸，你真好！"我也抱住他，不说话。

晚上忍不住在QQ里把这事告诉了妻子。妻子心痛不已，说流了好多泪。

今天学校的生活也全过去了。孩子脸上一直都充满阳光，我也阳光了一些。

但如何让孩子更加坚强，更善于应对意外情况，又使我陷入了深深的思索。

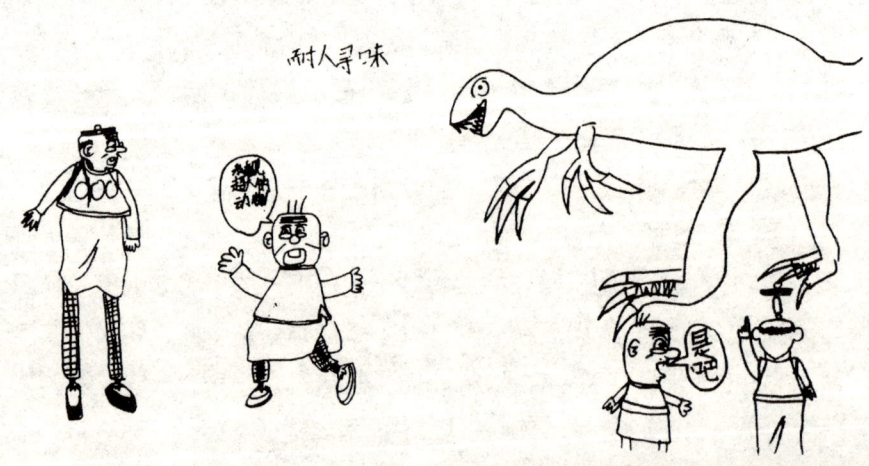

耐人寻味

内心的伤害

当老家房顶之雪厚达尺余时，南方还是温暖如春。晚上九点时分，孩子完成作业，我便带着他下了楼，到小区外的公园里小跑了三圈。当时一轮圆月悬于夜空，宛如墨色海洋里如炬的眼睛。

身子很快发热，大小二人拉手跑回小区，就在那平整的铺砖甬道上，"啪"的一声，他结结实实地摔了一跤。

他用两手支住身子，想爬起来，却又趴下去。他说："爸爸，帮帮我，好痛。"

我说："奇怪，这么平的路怎么会摔着呢？"伸手把他拉了起来。

他咧着嘴，弯着腰，小心地挪着两只脚，说："我摔伤了吗？"

我笑笑，说："你怎么不哭？"从小到大，没见过他因为摔跤而哭。

他说："哭多丢人呀！"然后小步子跟着我，回到了家。

坐在床边，脱下裤子，才发现左腿膝盖擦破了一层薄皮。他说："我怎么感觉越来越痛了？"

我说："不怕，明天就会好的。"

停了一会儿，他说："我怎么这么不幸？已经摔过好多跤了。"

我说："比起爸爸小时候好多了。现在还痛吗？"

"不痛。"他说，"内心的伤害才痛。"

我不由得望着他，呆了半天。"内心的伤害才痛"，这是不到八岁的孩子的话吗？

想到前几天发生的事，我小心翼翼地问："什么是内心的伤害？"

他说："就是我被别人勒索呀。"

"现在他还敢吗？"

"现在好了。他有时候也叫我，但我不理他。我是好学生，不跟他玩。"

我望着他，笑着，却不由得酸自心来：内心的伤害才痛！

孩子，你要知道，内心痛的，从来都不是你一个人呀。

我也成了保护伞

儿子考完试，在家闲着没事，我便带他到学校去打球，因为我要去做些学校的杂事。

五点多了，我下楼到操场，老远就见他混迹于几个大个子中间，一会儿去抢球，一会儿运着球，运球时总是微侧着身往后看，像是提防着别人从后面偷球一样。再往别处看看，居然还有两个空的篮球架。

我有些奇怪。这家伙平时胆小怕人，今天自己有球，怎么不自己打，而非要和那些中学生抢呢？本想叫他，但又觉得这是锻炼他的好机会，就忍住了，站在远远的地方看他神气。

过了好久，他终于发现我了，叫了一声"爸爸"，便抱着球朝我走来。还未到跟前，就说："爸爸，今天有人欺负我。"

我问："谁呀？"

"他们呀。"他回过头望望还在打球的那几个人，"他们老抢我的球。"我说："这就是欺负啊？打球不抢球算什么打球啊？再说了，还有那么多地方，你如果怕别人抢，完全可以去别的地方打啊！"

谁知他笑起来，说："他们不敢欺负我。他们要是欺负我，我就说我是德育处聂老师的儿子，他们一定吓坏了。"

我怔住了！没想到我也能成为他的靠山了！

我让他停下来，认真地对他说："遇到这种情况，你不能说是谁谁谁的儿子！"

他张嘴就问："为什么呢？"

我告诉他："你这种语言是一种挑衅的语言，会让别人听了很不舒服。你要知道，爸爸不能永远在你身边，更多的时候你要自己保护自己，而不能指望爸爸一直来保护你。像这种情况，那几个学生如果能和你开开心心地打，就一块儿打；如果你很难抢到球，你就自己到另一个篮去，让开他们。你懂吗？"

看看他的眼神，我知道他的点头也是勉强至极。

我不由得忧郁起来。

给聂家争光的孩子

"哎，你给妈妈讲一讲你是如何为聂家争光的吧。"我笑着对儿子说。

"哦，为聂家争光啊！什么事呀？"妻子有点儿故作惊奇道。

每周的这一刻都是她惊喜最多的时候。她刚刚走下从深圳回来的大巴，就会受到聂家两个男人的热烈欢迎。然后三个人簇拥在一起，有时也抱一抱，然后就是儿子讲述过去一周最精彩的故事。

儿子的这个故事我已经听过，但是我没有想到他居然把这件事与花木兰替父从军的壮举并列在一起。在那个动画片里，花木兰真的替花家争得了无上的荣光。

儿子还是有点儿不好意思。但是一周末见妈妈，他的兴奋细胞四溢，早已忘记了平日里的些许矜持，变得神采飞扬。

他说："我来讲，我来讲。那一天嘛，我在一中门口，看到一个大哥哥和一个大姐姐。大哥哥去拉大姐姐。大姐姐说'不嘛……'"——他撒着嗓子，还故意把身子扭了扭——"正在这个时候，我发现从她口袋里掉出了一沓钱，而他们俩又走远了。这时候啊，我的两只眼睛里全是地上的那沓钱，我想，我是把钱给他们呢，还是自己要？要是给了他们，还可以加玩电脑的分……"

妻子笑道："原来是为了玩电脑呀？"

儿子忙改正道："不是不是，第一个大半原因呢，是因为我的品德；第二个大半原因呢，是拾金不昧，只有一点点原因才是玩电脑。"

这三个原因他单独给我讲时并未阐述，那句"因为我的品德"纯是小孩子讲大人话，更令我忍俊不禁。妻子也笑个不停，我们专心听着他的下文。

"我想还是给他们。我就追上他们，对他们说：'大哥哥，你们的钱掉了。'当时我的心都快碎了，都快变成灰了。"他做出极难受的样子。

我问："为什么心成灰了？"我以为他是因为没有得到钱而伤心。

他说："我害羞啊，我真的不好意思呀！"

他妈妈说："那有什么呀？他们说什么了吗？"

他说："他们说谢谢。"

这就是儿子为他的姓氏争光的事。只是他的讲述比我的文笔精彩得多，我真后悔没有带个什么东西把它录下来。

因为这件事，给他加了五分钟玩电脑的时间。他很开心。

好美啊

正在乱写些东西，儿子拿练习册来问我。一看，是阅读理解题。在我的帮助下，他很快就把未填的空白填满了。然后他拿起练习册，由衷地叹了一口气，说："这篇文章写得好美呀！"

我一惊，因为我很少听到我的学生赞叹哪篇文章写得好，何况他还是个八岁的小孩子。我转过头认真地看着他，说："怎么美呀？"

他说："你读一读就知道了。"便把书递给我。

我本想接过书，但一转念，便往电脑椅上一靠，闭上眼睛，说："你读吧，我来听听能不能读出美来。"

他不为所动，还是坚持让我自己读，于是我便认真读起来："春天来了，冰雪融化，杨柳发芽……"

他叫我停下，说："你要想着读……"

我又吃了一惊。想着读？那可是我常教学生读书的法子，他今天却来教我。我说："怎么想着读？"

他煞有介事地说："就是读到'冰雪融化'，就想冰雪慢慢地化了，'杨柳发芽'，就像看到杨柳长出小叶子，你看看，那些东西多美呀……"

我点点头，说："我懂了。"于是又接着读起来。

孩子大了，感觉越来越懂事了。不迷恋电脑，不迷恋电视，也不太爱发脾气，就是喜欢运动。

但愿他能健康成长。

闪光的小石头

问小家伙作业完成得怎么样，他说只有作文没有写。于是，我们便让他一个人在他的小屋里写作文。

一会儿，他来问我："爸爸，'诉说'是什么意思？" 我说："告诉吧。"

他"嗯"了一声，就走了。

我们中午都有小睡的习惯。可是不久，就听到有人敲门。我皱了皱眉头，他却高兴地推门进来，说："妈妈，作文写好了。"

当我与他妈妈在一起时，他很少喊"爸爸"的。我于是就装着睡觉，听他娘俩儿说话。

他妈妈说："真的？这么快？"

"是啊，两页呢！"他言语中不乏得意。

他妈妈说："这么多啊！念给我们听听吧。"

他妈妈深谙赏识之道，言语中充满惊喜但又听不出故意夸张的味道，火候拿捏得极好。于是小家伙的信心一下子膨胀起来，站在我们床前就念起来：

公园公民的诉说

有一次，我在公园里玩耍，看见一个漂亮的石凳，就像玉皇大帝坐的凳子一样。

我羡慕得不行，赶快跑过去坐下，哇！好舒服啊！

我一动不动地看着这张漂亮的石凳子，真想把它抱回家，可是这是公共设施，我无权破坏它，还是在这里多待一会儿吧……

　　过了几天，我又到公园去玩，一进门就闻到一股香气。我说："这股香气是从石凳子那儿传来的。"我赶快跑过去，看见石凳子旁边摆了好几盆花，呀！真是鸟语花香呀！我认真地闻了闻那几盆花。一只蜜蜂飞过来，告诉我清早采蜜的快乐，一棵小树苗告诉我要快快长大。

　　现在天空乌云密布，我还心不在焉地闻花香。忽然，打了一阵春雷，我吓了一跳，才察觉要下雨了，只好扫兴回家了。

　　又过了几天，我选在这一天，这一天晴空万里，阳光明媚，正适合我来欣赏石凳。

　　我带着快乐的心情走在马路上。到了公园，我飞快地跑过去，几乎脚没着地。那些公民说："他是我一生中见到跑得最快的人。"

　　我到了石凳旁边，我呆呆地看着那石凳，我惊奇地说："奇……怪，怎么转眼间又有了一个雕塑呢？""这个雕塑真是巧夺天工、栩栩如生。"我旁边的人一直赞叹不已。

　　忽然，一个年轻人对我说："小朋友，你满意吗？我是这公园的经理。"

　　我说："您为我花了不少钱，真是大公无私呀！"我竖起大拇指说。

　　"你过奖了。"经理说。

　　我的心里不约而同地赞叹道："这个经理一定有一颗高尚的心。"

　　他读得绘声绘色，非常投入，好像是读文章最专心的一次。这文章中病句不断，破绽百出，其中却又点缀着那么多词语，有的句子似是灵光一现，让我忍俊不禁。

　　他笑着问："怎么样？"

　　我和他妈妈不约而同地竖起大拇指。因为有上次他老师把作文的许多词语都给了他们再让他们填空的经验，我问道："这全是你自己写的吗？"

　　他说："是呀。"

　　"老师给你的要求呢？"我想检查一下文章的含金量。

　　他又跑过去拿来了作业摘抄本，一条条地念起来。大意是，本次作文以"环境"为主，可以写变好了，也可以写破坏。题目也有几个，有一个叫

"……的诉说"。

"还有吗？"我想看看有没有老师的半成品。

"我抄的就这些了。"他说。

想想自己小学三年级刚刚开始接触作文时，一句一行都写得艰难，才知道时代变化是快。在这块粗糙甚至有些丑陋的石头里偶尔闪着的灵光让我惊喜。

放学路上

依旧是一直没有变化的路，一直没有变化的人。

还是我与小家伙两个，还是沿湖边一路行走。雨季来了，近些日子总是雾气蒙蒙。看看小区以及背后的青山被轻雾晕染着，我说："好多雾！"

小家伙接道："比伦敦还多！"

我说："伦敦是雾都。"

他说："这是超雾都。"

我忍不住笑了，不说话，径自往前走。

小家伙在后面喊道："爸爸，你等一下——你把这写到博客里。"

"写什么呀？"我故意问。

他头也不抬，边走边说："就写我刚才说的呀。"

我说："我不知道怎么写。"

"你就这样写：有一天放学，我们走在路上。你说好多雾，我说比伦敦还多。你说伦敦是雾都，我就说这里是超雾都。下一段再写你的感想。"他一口气把刚才的事复述一遍。

——还知道写感想呢！我笑着望着他。

其实加分也不难

午睡起来，见客厅里摆着小家伙的一张画。他曾经喜欢画超人、恐龙、老夫子，还能画出四五幅老夫子与大番薯的图画来表达一个完整的故事。现在他画的对象又转到海洋上去了，如抹香鲸、海豚、海鸟等，再在那些动物旁边画条大船。

今天看到的这画本也沿着近日的主题，只是船边用铅笔画了一本翻开的书，上面写着"死而不亡者寿"。这是他前不久背的《老子》里的句子。我问他为什么要写这句话，他说："这表示在湖边有许多名人名言。"然后，突然想起什么似的，笑着说："加两分……"

画画时竟能想到老子的话，看样子这两分不加不行。我点点头，他高兴了，笑着说："爸爸，其实我今天差点还可以加分的。"

我问为什么。他说："中午放学时下着雨。我有一个同学没有伞，我就对他说：'我们共用一把伞吧。'可是，我的破伞半天打不开，我出于无奈，只好半途而废，让他自己走了。你看看，这件好事差点儿就做成了。"

我望着他，又忍不住笑起来。刚想给他暗示点儿什么，突然他叫起来："出于无奈，半途而废，加四分……"

啊，原来他得分这么容易啊！

"祸从天降"

下了办公楼，小家伙忽从一个大圆柱后闪出来，冲着我笑。

我俩走在林荫小道上，他又不怀好意地说："爸爸，我今天在学校说了一个成语。"

"什么成语？"我不动声色。

"祸从天降。"他骄傲地说。

我问他："你怎么会说到这个词啊？"

他好像听出我不相信之意，忙说："是这样的，我在学校里走，忽然一滴水从树上滴到我的头上，你想想，要是上面是一只鸟……"

我笑道："是不是鸟的什么东西会掉到你的头上啊？"

他接口说："是啊，你说说，这是不是'祸从天降'？"

我点点头。他得意地跳起来："七十二分！"

我说："不对吧？你怎么有这么多分了？"

"要不是你扣我十分，我有八十二分呢！"他说。想想也是，昨天下午放学他在路上贪看同学玩陀螺，回来晚了，减掉了他十分。他虽心痛，但还是勉强接受了。

我准备教育他几句。我说："看看你辛辛苦苦挣来的分……"

话还没说完，他抢过去说："不是辛苦，而是……"

我也抢过他的话，说："而是通过你的努力得到的，是吧？"

他说："不是不是，这分也不是努力得到的，而是大自然赐予的，是老天爷给我的。"

我笑道："怎么这么说呢？"

他一本正经地说："你看看，要是没有那树，那树上要是没有水，我能想到'祸从天降'吗？这不是老天爷给我的分吗？"

看他认真的样子，我忍不住大笑。这不到十分钟的回家路上，他又用了"迫不及待""赤日炎炎""不约而同"等四个词，一下子使他的分数涨到了八十分，而他信心十足地说在周五放学前一定要达到一百分。

想想他周末可以堂而皇之地玩那么久的电脑，我不由得感慨，这也真是"祸从天降"啊！

终于到了一百分

因为这周数学考了难得的九十多分，给他加了五分。所以，中午时，他已经有了八十五分了。下午放学，他又是笑嘻嘻地告诉我，在学校里说了好多成语，还做了件好事。反正我手里的分数多的是，我就想听听他是怎么用那些成语的。

他兴致勃勃地说："第一个词是'汗流满面'。我不是很热吗，有一个同学说：'你穿着短袖还这么热，我穿着长袖还不热呢。'我就摸摸我的头，全是湿的，我说：'真是汗流满面呀！'"

我笑笑，说："这个词这么简单！还有呢？"

他接着说："第二个词是'不堪一击'。有一个同学嘛，他老说我太胖了，说我很容易被撞倒。他呢，好瘦，我说：'你才不堪一击呢！'"

他见我点点头，就也不歇嘴，继续讲下去："我有一个同学画画得特别好。我就对他说：'你的画真是出神入化啊！'"

我还真不知他说的是"出神入化"还是"出神入画"，但想想对他也没有必要分得这么清晰，就又点点头。

他又说："第四个词语是刚才看你们打篮球时说的。那一队嘛，一投就中一投就中，我就说：'他们真是加分如神啊！'"

我马上说道："什么？'加分如神'也算是个词？没有这个词！"

他争辩道："这是四个字，当然也算是词啊！"

我想想，孩子的创造力还是应该保护的，所以，虽说腹诽依存，但那个大脑袋还是点了两点。

他还没有说完，又对我说："还有呢，还有呢。我在路上，看到一个别人玩烂的陀螺，就把它捡起来，放到垃圾桶里去了。"

好人好事也是加分的内容。我又点点头。

"多少分了呢？八十五，加……一、二、三、四、五……加十分，我有九十五分了。"忽见他手托着下巴颏，眼睛东瞧西瞅，嘴里嘀咕道："还到哪里找成语呢？"走不了几步，他忽然问："爸爸，中国人口最多的城市是哪一个？"

我有点迟疑了。仅以市论，重庆人口应该最多。但重庆辖太多崇山峻岭，没个城市样儿，说服力不强，我就说："上海吧。"

小家伙兴奋起来："上海人口真多，真是人山人海呀——九十七分！"

我突然有上当受骗的感觉，连说："你耍赖，你耍赖！"

他说："这怎么是耍赖呢？人山人海是成语啊。"

我不理他，只顾走自己的。他在后面涎着脸道："九十七分，九十七分……"

我又好气又好笑，还不理他。他似乎看出我的默许，又兴奋地跳起来。

到了家里，母亲早就把饭端在桌上。我说："唉，打球打累了，不想吃。"

小家伙早趴在桌上，两眼盯着盆里的鸡腿，不住地咽着口水，道："我和你恰恰相反，我打球打饿了，更想吃了——恰恰相反，九十九分！"

他奶奶也忍不住笑起来。其实根据我俩中午达成的规则，只要把《老子》第三十八章背下来，就可以加两分。而他中午早就试着背下来了，于是他又叫起来："一百零一分！"

于是，他争取明天下午得到一百分的计划宣告提前一整天完成。

王公公

儿子忽然跑过来问我："潞国公比蜀王小吗？"这些日子我们一直在看《贞观长歌》，他可能是想知道潞国公侯君集与蜀王李恪哪个更大。

我说："当然啊，我不是给你讲过吗，王下面是公，公下面是侯，侯下面是伯……"

　　他忙打断我的话，说："我知道，我知道。既然王比公大，那么那个王公公是多大呢？"

　　我一愣，然后笑得前仰后合……

"格"字掉了

　　我与妻坐在沙发上，叫小家伙关掉电视，去拿中午写好的作文让我们检阅。

　　小家伙拈着那沓原稿纸，笑嘻嘻地问："我念啊？"

　　我们说："念。"

　　他便斜倚在沙发背上，清清嗓子，笑着念起来："这就是我。"

　　我知道，这就是他这周作文的题目。小家伙写自己，又是怎么写呢？我还是很感兴趣的。

　　"我叫聂清尘，今年9岁，是南坛小学三（2）班的学生。"——不错，介绍得很清楚。

　　"我的身材中等，皮肤很黑，脸圆圆的，眼睛眯眯的。"——由身材到皮肤到脸到眼睛，顺序井然，层次分明。"很黑""眯眯的"又准确又形象。

　　"我的性……哎呀，这里掉了一个'格'字……"他又笑嘻嘻地望着我们，颇有些因自己的粗心而感到不好意思，当看到我们鼓励的眼光时，又接着往下念，"我的性很暴躁……"

　　我与他妈妈先是相视，然后大笑。我也奇怪他为何不把丢掉的那个"格"字念出来，竟然造出这般让大人捧腹而自己却无任何感觉的喜剧效果。他眼皮一抬望了我们一眼，又开始念起来："我的性很暴躁，急了就喜欢打人，所以有的人见我就躲。"

　　我俩只好强收住脸上的笑容，做出一本正经的样子，认真地听他继续读下去。

平易生活

因高考英语口语考试占用教室，今天我可以不去学校。但又因为要站在校门口检查学生头发、校卡，还要草拟学校"德育导师制度"，所以早早就去了学校。记了几个头发不合格学生的名字，让他们过两天到德育处再次"过关"。

到了办公室，就去写导师制度。妻来了信息："桌上堆成山，心里很慵懒。昨夜到五点，你猜为哪般？"我笑笑，准备回时，忽有一事要出去。等回来时，手机再次震动，又是妻的。说着说着，竟听她在那边哭起来。我很慌乱，不知道怎么安慰她好。她一个女人，很少离家这么久，这次两周没回来，一定非常想念家以及家里的人。我轻声地安慰她，让她开心些。

中午放学时，与小家伙同路。我说："给妈妈打个电话吧。"他说好啊好啊，就接过去，笑嘻嘻的，问她为什么上周末回，问清远真的有温泉吗，讲自己被评为"文明学生"，讲自己发了夏天的校服，讲班里学生如何进行陀螺大战。我说："说我们想你。"他点点头，却忙着回答电话里的问题，把思念的话都搁在耳朵边了。最后他说："你和爸爸说几句话吧。"就把手机塞到我手里。妻在手机里笑，说心里好受多了。

午睡前与小家伙说好，下午我不去学校了，他一人去上学。可是到了两点多一点，还是有些不放心，说："我恰好要去银行，咱们一块儿走吧。"

他连说好。

到了银行，下狠心多取了点儿钱，还了这两个月的住房按揭。看到一大沓的钱又递到那个小小的窗口，心里也有一丝丝的痛。有人说得好，按揭按揭，就是银行每个月把你按在地上揭一层皮。想想自己还要这么被揭上十年，脊梁骨都有阵阵寒意。

出了满是摄像头的门，就想回家出期中考试卷。可是天气不好，怕一会儿下雨孩子放学不便，便想打发这段时间，等一会儿再陪孩子放学回去。于是，我就到书店，找了李泽厚的《美学三讲》、梁宗岱的《诗与真》，想想价钱，有些踌躇。最后想，刷卡吧，不用现金，心里舒服些。

一路上慢慢走，低头看着书，很快就到了孩子所在的学校旁。有不少"红领巾"出来了，门口也站着不少家长。看看表，四点多。记得孩子不会出来这么早。我眼睛睁得大大的，盯着校门口不断拥出的人流。渐渐地，人少了，后来大门也关上了，我想，可能他还有一节课。

我就站在学校对面的人行道上，看着书。一会儿忽然感觉有一滴水滴到书上，连忙拭去，抬头一看，黑云压过来。我虽有伞，还是先找个树叶较厚的地方站着。

终于听到铃声。可是老天爷像突然被什么扎破了似的，暴雨一下子砸下来，惊得学生、家长急忙往门边小店里躲。我也跑进去，焦急地看着一个个闪出来的伞。

雨小了些。那个熟悉的天蓝色的伞终于出来了，伞下竟是两个人。一个小女孩拿着伞，与小家伙轻快地走着。小家伙不时把脚尖跷起，他知道那双鞋前面破了个洞。

他没看到我。看他们从小店门口走过，我就挤出人群，跟在他们后面。我想，是不是我俩用一把伞，给小女孩一把伞呢?

走不过几十步，忽见他们停下来，说过什么话后，便马上往回走。我马上站住不动。小家伙呆了片刻，说："你呀!"然后对她说："我爸爸。"

我说："小朋友，你家住哪儿呀?"

她说："很远。"

我不免问道："你怎么回呀？"

"我妈妈一会儿来这里接。"然后冲小家伙摆摆手，说，"你的伞我明天还你啊！"竟走了！

我把自己的伞递过去，两个人在伞下，小心地绕过街道积水，说说笑笑地走到湖边。

雨后的湖，格外清爽。

儿子的试卷

中午上学时，小家伙对我说："我们语文考试卷发了。"

我装着有点不高兴，说："刚才怎么不告诉我？"

他笑道："刚才忘了。"

我问："多少分？"

他迟疑了一下，没说。

"七十？"我故意说得低一点。

他纠正我说："不对，八十多，八十六点五加六。"

我对他的成绩要求不是很高。看看这个分数，也在我承受范围之内。我说："晚上让我看看。"

下午下班回家，坐在电脑前，他把试卷递过来了。一看他错的地方，我的眉头皱了起来。

有一道用到比喻的仿写："万里长城像_____盘旋在崇山峻岭之间。"小家伙填上"一条蛇一样"，扣三分。正确答案应该是"一条长龙"。"蛇"与"龙"在此句中除了感情色彩略有不同外（小学三年级不应该分这么清楚吧？）别无他异。再说，能看到崇山峻岭，说明立足点高，而长城自然细小，"蛇"的细长似乎比"龙"更为神似。

还有一道题为"文章写得（　　　）"，要在括号里填上适当的词语。儿子填的是"真美"，错了，要填"真棒"或者"真好"。真是怪哉！

试卷中也有令人捧腹的地方。有一道"看图猜成语"题。一幅画里，一个跷跷板，左边一小孩，似男，正把板端踩在地上，而另一端一个女孩正被高高抛起。正确答案说是"此起彼伏"，而小家伙写的是"重男轻女"。我也没查"重男轻女"是不是已衍变为成语，只是觉得用在此处，远比"此起彼伏"有趣味。

淡淡的母亲节

我站在柜台前，犹豫了好久，正如我刚才站在超市门前的犹豫一样。

刚才我还在不停地想：买不买呢？想想过年过节，即使是她老人家的生日，自己也没有表示过什么心意，这么一个沾带不少洋味的节日，她老人家在乎吗？踌躇很久，我还是走进了超市的门。

没有什么东西好买。穿的、戴的、玩的、用的，或者表示某些象征意义的，母亲一概没有兴趣。剩下的只能是买点吃的，于是我就走到蛋糕柜台前。

大大小小的蛋糕样品，贵的上百元，最便宜的那种只有九块八。小小的一个奶油圆柱，上面放着一块菠萝、一块芒果，还有一粒红彤彤的小樱桃。我又思忖半天，最后还是下定决心买了那种九块八的。

吃饭的时候，母亲在端菜，我把那盒蛋糕拿出来，说："今天是母亲节，这是给您买的。"

母亲还没说话，儿子就大嚷道："我也吃我也吃！"

我瞪了他一眼。母亲说："吃、吃，都吃。"儿子拍手叫起好来。

不过母亲又说："其实你买东西，我并不怎么喜欢……我不怎么喜欢吃蛋糕……"

儿子又忙接口道："你不喜欢吃我吃！"

我又瞪儿子一眼，转头问母亲："你喜欢吃什么？我买。"

母亲也不看我，说："我喜欢吃素菜、大米饭，天天有这些东西吃就可以了……"

　　我就知道她会这么说。我说："以前是想吃吃不到，现在能吃到就吃一点儿吧。"于是我拿出塑料刀来，把那块菠萝挑给母亲，把芒果挑给儿子。小家伙说："樱桃也给我。"我于是又把樱桃挑给他，然后再把蛋糕切成三块，用小刀颤巍巍地分别托到三个人的碗里。

　　母亲慢慢地吃着，我也慢慢地吃着。只有小家伙时不时地盯着我的碗：他有些不开心。他原以为只把蛋糕分两块，没想到分三块，他的分量无疑要少了一些。

儿子的拍卖会

　　中午睡觉时，总听到小家伙那边有声音，似乎在翻什么东西。我踮着脚尖走到他门前，只见他撅着屁股，差不多把全身都塞进床下的抽屉里。他不停地在那里翻动着乱七八糟的玩具，拨弄了半天，似乎没有什么中意的。

　　我轻轻地叫了一声。他扭过头，把屁股挪向里面，说："没什么好的。"

　　我问他："你找什么呀？还让不让我睡觉啊？"

　　他说："我们下午有拍卖会，我要找东西去卖啊。"

　　久在江湖的我马上意识到这又是学校的一个花样。我问："卖的钱干什么呀？"

　　他不假思索地说："老师说要捐给残疾人。"

　　我"哦"了一声，说："你找吧，轻一点儿。"然后又去睡觉。

　　等我再次起来时，他已经找好了两样，一个是在玩具批发市场买的带刺刀的步枪，只不过那枪头上的刺刀早已不见了。当时在市场见到这把枪时我们并没有买下来，他那一周都魂不守舍，说做梦都抱着那把枪。我们实在不忍，于是第二周就把那枪买回家，让他在梦中好歹也能抱把真枪。另一个是他妈妈到海南时带回的一个头部有许多固化须的漂亮的大贝壳，这可是他妈妈的爱物！我本想说"这个可不行"，可看他专注的样子，又不忍心拂他的意。

他在白纸上小心地勾着四个空心字：九元，三元。然后让我小心地把"九元"贴在枪肚上，把"三元"贴在贝壳上。我知道，这就是明码标价，童叟无欺。看到商品就要备好，他很得意，忽然两眼一扫床上，蹦过去，一把拿起那本大大的《老夫子》，说："这本也卖掉吧。"

我说："两件够了！"

他急忙说："不行！老师说了，两件不加分的！"

加分，加分，多么有力的武器啊！我马上闭上嘴，却又忍不住，说："多少钱？"

"十元买的，卖七元吧。"于是他又认真地勾了价钱，贴好，才长长吁了一口气。

商品准备好了，还要准备银子买别人的商品。于是，他又从我这里拿走了二十元钱。

晚上回来，儿子似乎有些兴奋，他还了我三元钱，又把一塑料袋东西往沙发上一扔，从里面掏出一件件东西。一把银灰色塑料手枪，枪柄的颜色都磨掉了；一本脑筋急转弯书，说是他同桌那位女孩的；一个据说通了电就可以发光旋转的玩意儿，只不过又没灯泡又不能安放电池；还有一个一按按钮就会像鳄鱼嘴合起来夹手的两三岁孩子的至爱。

"还有吗？"我问。

"没有了……你看看这个嘴……这么一按……哦，咬住手啦！"他把鳄鱼一扔，又拿起那把手枪，向我瞄准："举起手来！"

我说："好玩吗？"

看得出，他也没有太大的兴趣。

晚上和他妈妈聊天，她说："他开心就行，重在过程嘛。"

是啊，过程令人难忘。这四个玩具呢？早已经被他扔进床下的抽屉里了，可能如班婕妤，再也不会沾上昭阳日影。

总是嫌短的放学路

"这是什么？"小家伙把头往后一缩，抿紧嘴巴。

"什么？红枣啊。"我把准备递给他的枣塞进自己嘴里，慢慢嚼着。

好甜。山西好枣！

他偏着头盯着我，我知道他在读我脸上的表情。过一会儿，他抵触的眼神渐渐散去，流露出丝丝渴望。

我不失时机地从那鼓鼓的包中拈出一个，塞进他嘴里。同事回山西老家，给我带这么大一包枣，让我感动万分。

小家伙终于把枣核吐了出来，但他拒绝了第二个。这家伙，除了肉，什么东西都没胃口——枣能补血啊。

只可惜这话不能对他说，因为他一定会说："我的血还不够多吗？"说不定他还会站在路边，认真地摆个健美运动员的姿势。

我没理他，只是慢慢地用舌尖将口中的枣核拨放到嘴唇边，然后鼓起嘴巴，使劲儿一喷，那枣核像子弹似的飞出去，落在路边宽阔的绿化带里。

小家伙说："不准随地吐东西！"

我说："我们把种子放在这里，让它长出枣树来，多好啊。"

儿子不说话，似乎在想什么。然后说："爸爸，给我一个枣。"

他把枣在嘴里骨碌着。我说："看谁吐得远！"他一吐，也许是技巧没有掌握好，那枣核居然沾在下唇边，晃了两晃，才落下去。

我哈哈大笑。他又要了一个枣，干脆停下来。我俩站在路里边，紧挨着近一米高的灌木带，在那里不停地吞食着枣子，不停地比着谁能吐得更远。

路人很多，多是放学的学生。我俩浑然不觉，只是阵阵地大笑。

余下的路，我给他讲，有这么一本书，里面有个老太婆，她掉进长有一棵枣树的深井中，于是练习吐枣核，结果，枣核成了她的独门暗器……

这样的放学路，儿子总是嫌短……

小家伙的长作文

下午司法局有人来学校做法制报告，晚上在饭店吃饭。主任叫我也去陪陪。念着儿子在家，本不想去，但考虑到主任的工作还是要支持的，于是就去了。

席间，手机震动。一看是家里的电话，就知道小家伙又有事了。

他在手机那头说："爸爸，我的作文写完了。"

我随口应道："哦。"

"我写了两页呢！"语气里不乏得意。

"不错不错。"饭桌上人声嘈杂，我想马上把电话放下。

他继续炫耀说："我在电话里给你读啊！"

我吓了一跳。两页，读多久啊！我刚想说不用了，他却说了一句"你等着"，便没声音了。

我知道他去他房间里拿作文本了。我不忍心拂了他的热情，便静静地等待。

过了一会儿，清脆悦耳的声音传来："好了。我念了啊。"

我说："好，我听着。"

他说作文的题目是《哥斯拉》，然后就认真地念了起来。听到比较通顺的句子，听到一些贴切的词语，我在这边也是由衷地高兴。回到家后，我把作文写了下来：

有一个晚上，一条国外的船在海上航行。突然，一声巨响将船员吵醒，接着又传来了多次巨响。

船长到外面看了一下，一排尖尖的东西向船游过来，那尖尖的东西碰到了船底，"砰"！船底破了一个洞，船沉没了。

哥斯拉终于出现在陆地上了。它用锋利的爪子抓住汽车，把汽车扔进海洋。

美国军方立即调动两架F-16C战斗机。有一架飞机发射了一枚导弹，将哥斯拉逼入了纽约市，它便对纽约进行大攻击，一千七百零二栋楼房倒塌，军人们却对它无可奈何——哥斯拉一脚踢飞坦克，一口咬住破飞机，一脚踩死士兵。

美国军方立即对哥斯拉吃的食物进行研究。

研究结果出来了，哥斯拉爱吃鱼，所以爱在水下生活，是两栖动物。

军人们想到了一个办法，准备明天采取措施。

到了第二天，军人们开来许多车，车里面装着鱼。那些车集中在一个地方，"哗"的一瞬间，几车鱼倒在地上。

忽然，一阵脚步声，一只庞然大物映入眼帘（是一个恐龙）。

它慢慢吞吞地走向鱼群的方位，低下头，贪婪地吃着鱼。

有一个长官说："开火，开火，开火！"

士兵、坦克、火箭炮、飞机，都在向哥斯拉开火。

两个小时后，这一只庞然大物终于被打倒，死了，人们高兴地欢呼。

哥斯拉被消灭了。军人们不用那么胆战心惊，市民们终于可以高枕无忧啦！

文章显然是根据他看了好多遍的美国电影《哥斯拉》改编的，显得稚气十足。不过，他在文章里用了破折号，用了表示解释的括号，叫我欣喜。

听着稚嫩的文章通过稚嫩的声音传递出来，我的心早就飞到那怡人的竹影阁。

快快别说了吧，我要回家了……

事事关心

小家伙在那边大声问我："爸爸，我是什么座的？"

对于这样的怪问题我早已经习惯了。我随口答道："肉做的。"

他又问："那你是什么座的？"

我说道："我也是肉做的。"

他"咚咚咚"跑到我跟前，说："不对不对，我是问我是什么星座的！"

原来不必要的简洁竟会闹出这样的笑话。我说："不知道。"

他不解地问："你知道我的生日，怎么会不知道我的星座呢？"

我回答说："我只关心生日，不关心星座。"

他不依不饶道："你怎么能够不关心呢？你们学校的墙上不是写着'家事国事天下事，事事关心'吗？"

我瞪大了眼睛，半晌接不上话。

变态

石桌上的文字渐渐模糊起来，屁股下本来冰凉的石凳也显得灼热。虽说头上有茂密的细叶榕严严实实地将太阳挡住，但我还是有些困了。

监考完毕，才十一点。儿子十一点三十五才放学。平时都是父子俩走一路说一路，今天也要等等他才是。把书摊开，《挪威的森林》，看一会儿，笑笑。但困意依然袭来，我便把头搁在了书上。

"你变态！"忽听到一个熟悉的声音在叫。

"你变态！"另一个人的。

我抬起头，正前方，两个小孩子一前一后，你一句"变态"我一句"变态"地叫起来，前面的那个小家伙比较瘦，每说一句就把头扭过去，一点一点的，后面的——就是我的小家伙——也把脑袋迎上去，两人正像两只好斗的小公鸡。

我皱起眉头。一会儿他们看到了我，瘦小子马上往旁边走了，而小家伙冲着我笑笑，若无其事地向我走来。

也许他认为我没有听到？

他走到石桌旁，叫声"爸爸"。我说："怎么骂人啊？"

"没有啊。"他竟一脸无辜的样子！

"说别人'变态'，还没有？"我有些生气。

谁知他一点儿也不紧张，说："变态，很正常啊！比方说，人，现在是人，以前可能是恐龙，再变成类人猿，人不是变态吗？再说，你自己，你小时候那么小，现在那么大，不也是变态吗？"

我望着他，半晌说不出话。如果他心中的"变态"仅指物体的形状与大小发生变化，就让他"变态"去吧。

升国旗时，你在想什么

小家伙笑嘻嘻地走过来，说："爸，妈，我给你们念念我的作文。"

我把眼睛从电脑屏幕前移开，看着他，说："好啊。"

他说："这次作文的题目是《升国旗时所想到的》，我开始念了啊……"说着又瞄了我们一眼。

我俩点点头。

"……四个少先队员庄严有力地把国旗交给升旗手，互相敬礼，升旗手绑旗，他们每个动作都那么有力、严肃。雄壮有力的国歌响起来了，国旗徐徐上升，我们小手齐举，向国旗敬礼。几千双眼睛一齐注视着这鲜艳的国旗，目光坚定，仿佛在向祖国表明：我们一定不会辜负祖国的期望，好好学习，将来为建设祖国做出贡献。

"望着冉冉升起的国旗，我不由得想起了书中所写的开国大典那一天的情景：那一天，五十四门大炮同时点燃，发出震耳欲聋的巨响。毛主席宣布：中华人民共和国中央人民政府今天成立了！接着国旗升起来，中国人民从此站起来，不再受帝国主义的侵略欺侮了。大家载歌载舞，一齐欢腾，一齐欢呼……

"国旗啊，你是革命烈士用鲜血染成的。我们热爱您，尊敬您，要为您的鲜艳而努力！要为您的崛起而奋斗！"

读完了，他问："怎么样？"

我笑起来，转头问他妈妈："怎么样？"

她妈妈没把这个问题再抛给我，只是问我："升国旗时你一般在想什么？"

我想了一会儿，仔细在脑袋瓜子里搜寻那时的思维痕迹，可是什么也找不到。

我说："我什么也没有想。"

可是她不死心："要让你想呢？"

"要让我想……记得原来我负责周一的升旗。每当旗手往上拉旗时，我就会想：拉稳点，拉稳点，别国歌没放完旗就上到杆顶了；当国旗拉到一半时，我就想：老天保佑，绳子千万别缠在一起；当国旗终于到达顶点时，我就会长舒一口气：谢天谢地，今天终于没出差错！"我说。

妻子与小家伙都笑起来。小家伙问："妈妈，升旗时你在想什么呢？"

"我？我是班主任，站在班级同学的后面，我的眼睛盯着他们，怎么还在说话呀？怎么又动手摸别人呀？那腿怎么没有立正呀？这帮小家伙，散场后看我怎么收拾你们——除了这，我还能想什么？"

我问小家伙："你的文章里写了那么多，你真是那么想的吗？"

他笑笑，说："不是。"

"那你升旗时真正在想什么？"

"那升旗手穿着军装，多帅啊！那么多人都盯着他们，好威风啊！每次升旗我都想，什么时候我也当个升旗手多好啊！"

"那你为什么不把你的真实想法写到作文里去？"

"不行啊，得不到老师的表扬的。老师说要想想烈士，想想开国大典——妈妈，什么是开国大典呀？"

我与妻子对望一下，不由得苦笑起来。是谁在教我们的孩子说假话、说大话、说空话？是什么让孩子们都失去灵性？

人吒

下电梯时，小家伙对我说："爸爸，李靖生了三个儿子，对吧？"

我点点头。

他说："一个叫哪吒，一个叫金吒，一个叫木吒，怎么没有一个叫人吒的？"

人吒？人渣？这家伙居然会说这样的笑话！

对蝉弹琴

小家伙看似强壮，但既怕蜗牛又怕螺。前天我捉了只蝉，他兴奋之余，也和我保持相当的距离，侧着头、斜着眼看，身子还时刻保持躲避的状态，生怕我把那小东西扔到他身上。

下午上学时，我忽然看到路上有个蝉骸，身子已被压扁了，但蝉翼尚完好。我指给他看，他吓了一跳，忙问："你踩的？"

我说："不是。"

他说："好可怜！"

我牵着他往前走。我说："还记得上次我跟你说的与蝉有关的词语吗？薄……"

"薄如蝉翼。"他张口就说出来了。

我点点头。

他问："还有没有与蝉有关的成语？"

我想了想，说："噤若寒蝉。"并细细地讲了什么意思。

他说："我懂了。还有吗？"

我忽然笑起来。还有啊，只是太长，也不好给你解释。

我悠然吟出："寒蝉凄切……"

"什么意思？"他追问着。

我望着他，不理他，继续背起来："对长亭晚，骤雨初歇。都门帐饮无绪……"

他也笑道："我一句也不懂。你这是对蝉弹琴！"

我一笑，止住声，没有再对这只"蝉"继续卖弄。

酒一罐

职评总算略有头绪，下午将打印好的材料送与校长过目，自己则跑去操场疯了一阵。出了一身臭汗，方才觉得舒服，走起路来也带着小跑，起步时还总爱用右脚小垫一步，两臂甩起，大有腾空而起之势，也颇让人有实在长不大的感觉。

去超市买了调好的熟菜，自己又精心准备了一份，让儿子兴奋地叫道："爸爸做的菜就是不一样！"想想很是惭愧，从母亲几个月前到这里来后，这还是我第一次下厨。

从冰箱里拿出一罐啤酒，小心地拉开，白沫马上从小口里漫出，儿子看得眼睛直冒泡。他总是羡慕此时的我，也时不时憧憬十多年后的自己："要是我十八岁就好了，想喝多少就喝多少！"那样子总让人忍俊不禁。

到广东来后，我酒量锐减，现在已经堕落到一次只能喝这么一罐的水平，实在有辱中原人的形象。好在这　屋的中原人饮酒能力都有限：我自然不算高，妻子偶尔只能喝一小杯，而儿子呢，心里极难受时也会让他呷一口。

想到这里，我不禁笑了起来。儿子问我笑什么，我说："咱家人呢，都可以改个名字。我嘛，叫聂一罐，妈妈嘛，就叫熊一杯，你嘛……"我望着小家伙说："你就叫聂一口。"

三人大笑。

简单日子

菜很快就做好了：豆角炒肉片、蒜头炒空心菜，还有妻子下午炖的溪黄草骨头汤。

刚刚爬山回来，大腿都有些发软。儿子抽空去玩了几分钟游戏，妻子清理一些家务，我就进了厨房。

妻子把汤舀了三碗，把儿子喊出来。儿子瞅了一眼黑乎乎的汤，眉头一皱，说："又喝呀……"

他似乎不太爱喝汤，但总得想办法让他喝。我说："去网上查查，看看溪黄草有什么作用。"

儿子没事爱上网查东西，不过领到这个任务，心里却不是太开心。妻子说："来，我们一起去查。"

等他们出来后再让儿子喝汤，儿子已经能把碗端起来了。他信电脑胜过信父母。

三人胃口都特别好，一会儿就把菜吃了个干干净净。我洗碗，妻子清理桌子，儿子就被我们劝去洗澡。

正在擦着灶台，忽听浴室里传来声音："爸爸妈妈，妈妈爸爸！"

一听到那叫声，我知道他又嗲起来了。

"爸爸妈妈，你们两个来剪刀石头布，谁输了谁来献身帮我洗澡。"

好家伙，让一男一女两个共产党员为他洗澡，来头够大的嘛！平时都是自己洗，不过，有时这样的要求也是会被满足的。

我"嗯"了一声，妻子道："剪刀石头布，我输了，我帮你洗。"我听到浴室门被推开的声音，然后听到妻子又说他太脏了的声音。

厨房一摊也清得很快，忽听儿子大声说道："爸爸，别累着了啊！"

呵呵，这话也挺暖人心的嘛。

晚上出去散步，湖上彩灯摇曳，清风拂面，令人心醉。忽听儿子说："咦，'简单日子'怎么不开了？"

"简单日子"是湖边的一间小酒吧，平时散步总见朦胧的橘红色的灯光充满吧间，给人以温馨的感觉。今日只见门关着，淡淡的路灯光照在上面，更显凄凉。

不管他们的"简单日子"如何，我们将好好经营自己的简单日子。

真空状态下的一个半小时

"等了一个暑假，不是这事就是那事！你不去我们去！"妻子数落着我，终于把孩子带去了深圳。

妻子放假时，有人送了三张溜冰票。这不是溜旱冰，而是穿上冰刀，在真正的冰上你追我赶那种。我本想放暑假去消费，只因先评职称后培训，开学前学校之事接踵而来，难以脱身。接受亲爱的妻子的责备，我也心服口服。

听说儿子在冰场上表现很不错，毕竟练过旱冰。三天之后，他要回家。我们早已商定，妻子将他在罗湖车站送上车，而我则到惠州车站去接。

这中间的一个半小时，近二百里路，就是儿子从小到大第一次真正失去我们看护的时间。

他们去罗湖坐地铁途中，我给妻子发个信息："鼓励他不要怕，跟司机交待清楚，准备好塑料袋、水和纸巾，把车牌号发给我。"妻子回信说知道，又过了十多分钟，她来信息："57560，车走了，我很紧张。"

一下子把一个从来没有离开过父母视线范围的孩子抛给一辆汽车，当车影消失在茫茫都市深处时，那种担心紧张是可想而知的。我看到妻子的信息，笑笑，但很不自然。我回信说："不怕，放心吧。"过了一分钟，我觉得有必要再给妻子一些安慰，又去一信："请放心，没问题的。"我也不知道这样连续的空头承诺对于平静妻子的心是否会起到效果。妻子来信说："卖票的说没有人带，买了全票。他坐在第一排司机侧后，一上车就发车了，觉得没交待好。"

我心里也觉得丝丝紧张。车是深惠直达，全程高速，中途不上客，只是近惠州之时也许有人下车。我们曾经想，只要他不跟着别人下车，一直坐到车站就没什么事了。但我脑海中偶尔会蹦出一个黑衣人强行把他带下车，然后消失在人群里的景象。这景象虽然很淡，且总被我自己的一笑打散，但也颇影响情绪。不过我不敢把这种感觉告诉妻子，只是回她的信道："我们的儿子经得起考验，放心吧。"

我在家匆匆吃完饭，看看时间也差不多了，就往车站赶去。十五分钟的路，初时走得慢，走着走着步子快起来。我总担心他下了车找不到我，那孤独无助、四处寻觅的影子将是我终生的痛。

走进车站，来到常常接妻子的地方，注视着车站入口。深惠直达车有两家公司经营，一家是红色车，一家是绿色车。遇到这两种车进来我就仔细看车牌号，虽然觉得那车可能也来不了这么快。

从他上车到现在一个半小时过去了，车还没来。我担心妻子着急。果然，她来信问："应当到了吧？绿色车。"我本想回信说已经到了，好让她安心，但还是回了："可能快到了，别急。"

那辆车比平时晚了近二十分钟才进车站，我早就看到坐在右前门边的小家伙。他也看到了我，不住地向我挥手。我跟着汽车跑，没等车停稳，我已站在车门边。儿子提着一个袋子，忽听司机问："有人来接你吗？"我忙在下面喊："来了来了！"儿子出了车门，我一下子把他抱起来，哎呀，似乎又重了几斤！

我把他放在地上，赶紧按了妻子的号码，对他说："给妈妈打电话！"然后听到他与妻子的对话声。没说几句，他说："你跟爸爸讲吧。"然后把电话递给我。我冲着电话笑起来，说："没事了，没事了，放心吧！"

一路上，我问他一个人在车上的感受。他说自己又不怕，又不晕，车出横岗上高速时他就睡着了，快进惠州时才醒来。他安静的睡眠却成了父母沉重的担忧！

"爸爸，我有些饿了。"他说。

"好，快餐、茶餐厅……你吃哪一家？"我把楼下的餐馆名全报出来。

不一会儿，坐在清凉舒适的茶餐厅里，给他要了一份饭，我边看他吃边给妻子发短信：

"在茶餐厅，椰汁香芋猪扒饭。他吃我看。"

"他说：'你别流口水啊，我会分给你一点儿的。'"

"他说，他一个小孩坐车，没大人陪就要买全票，这么坏的。巴士公司就爱贪小便宜。"

"他一个人吃完了，也没叫我吃一口。"

父与子 （二）

我站在教学楼前的大榕树下，边看着书，边用余光扫视着校门。

几个年纪不等的小学生在榕树前笑着跳着，手舞足蹈。过一会儿，小家伙背着书包慢悠悠地走进大门。他左手挂着一把长伞，右手摆弄着一把折叠伞，样子可笑。那长伞是早上带去而中午放学忘记带回来的。

他见了我，笑一笑，走过来，说："爸爸，你看我捡到了什么？"说着得意地扬起右手。原来伞柄下居然还放有东西。

我说："又往回捡什么东西？"

他说："两块石头，是在你们校门口捡到的。这块呢，又大又平；这块呢，很小，但闪闪发光，我觉得里面含有宝石。"

我仔细一看，原来是两块大理石地板碎块，又黑又不整齐，居然还被他当成宝贝了！

我说："扔掉。"

他说："不扔！"

我说："行，你拿着吧。回到家你要好好洗干净再往屋里放。"

他点点头。

我说："回家吧。还要做饭。"

他向我笑着说："爸爸，能不能在这里玩一会儿？他们都在玩呢。"

我点点头。他把伞与石头一并放在地上，再把书包摘了下来，叫着跑向那几个小孩子。

他们有时爬爬那好几围的大榕树，有时在树前的石阶上跳来跳去，有时你一拳我一脚，似乎在打拳击。

旁边一个同事说："唉，一个孩子太孤单了！哪有机会像这么玩呀！"

我点点头。此时此景，让我想起幼时几十个孩子疯天疯地的情景。

看看时间不早了，又不忍心叫他走，便说："我先回家做饭，你一会儿自己回啊。"

他想了想，说："好的。"

我便一个人走了。可是还没有出校门，就听到他在后面喊："爸爸！"

"怎么不玩了？"我停住脚步，转过身问。

他说："他们也都走了。"

他与我并排走在一起，仰着脸，笑问："爸爸，今晚吃什么呀？"

我说："吃青菜。"

"不行！"他叫起来，"吃马铃薯炒肉！"

"看你那身子，还马铃薯呢，还肉呢！"我嗔道。

他扭了扭身子说："不嘛，就要马铃薯炒肉！"

于是两个人顺便去超市买些菜，当然少不了肉。在电梯上，他突然捂住肚子，说："憋不住了。"

我笑道："你总爱这样！"

我刚一打开门，他就往屋里钻，两脚互踩马上脱下鞋，又急着把手里的两块破石头往鞋柜上放。他本想直接放在鞋柜上，见到另一边有张超市宣传单，就把石头放在宣传单上。

我不由得赞道："你做得真不错！"

他说："如果没有纸，我也不会直接放在鞋柜上的。"说完"嗵嗵嗵"跑进卫生间。

我做饭，他写作业。我问他："马铃薯放肉吗？"

"放。"他头也不抬。

我冲他说："中午你也吃了这么多肉……"

"你只放一点点吧……就一点点。"他放下笔，笑着，巴望着我。

我也笑起来，拿刀从刚买的猪肉上顺手割下一块。

菜很快做好。我走到他跟前，看着他左手拿笔，一笔一画地认真写着，我说："我好幸福哟！"

他随口道："为什么？"

我认真地说："因为有个好宝宝啊！"

他好像没听到似的，继续写他的字。我的满腔热情似乎一下子被拒收，只好不说话，默默地看着他。

吃饭的时候，他夸我马铃薯做得好吃。我自然开心。吃完饭，他说："我去喝水。"

"家里的事情帮着干哟。"我说。

"嗯，我喝完就收拾。"我俩把碗碟一起收好，我说："就在这里写作业吧。"

他说："我们老师以前说……不，就是今天说的，要吃完饭十分钟以后再做作业。"

我点点头。他马上跳着去画画了。

作业不是很多，写完后他又伏在桌上画柯南。我突然想起来一件事。我说："清尘，不对呀，你还有任务没完成呢。"

他想了一会儿，说："哦，对了，背诵的。"

每天中午他不睡觉，我就安排他练一页字，读或背一章《老子》，今天中午检查时，他没有背下来。

"信言不美，美言不信；善者不辩，辩者不善；知者不博，博者不知……"第八十一章，他开始背起来。

我躺在他的榻榻米上，闭着眼，听他背，然后一句句给他讲"信言不美"等的意思。

"讲完了？"他问我。

我点点头。

他忙坐下去，又准备画画。

我说："别急，你给我说说我刚才讲的意思。"

他有些不情愿，但还是比较清晰地讲了一遍。我笑着表扬他。

日子就是这么快乐地过着。我看着他，心里自然涌起一股甜蜜。因为他是我的孩子。

做家务

看着那个结实的身影不紧不慢地走进学校，我忙猫着腰，快速地向大门边一棵冬青树挪去。

冬青树种在一个大花盆中，繁茂的枝叶被花工多次修理后，成了一个直径约一米的大绿球。我站在后面，小心地探出头来，看到小家伙还是不紧不慢地走着，眼睛望着那热闹的操场。

我笑着，想等他离我近一点儿时一下子蹿出去，吓他一吓，于是我以冬青为原点，以他与冬青位置的变化而不停地改变自己的角度，使自己隐藏得更好。等到他完全走出了冬青遮挡的范围时，我则小心地踮着脚尖，屏住气，在他后面追，也不管旁边学生的窃笑。

谁知他还是回过头了。我很失望地问他怎么知道的。他说他并不知道，只是看到前面有学生往他后面看，于是他也想看看后面有什么。他发现是我，很兴奋，不住地问："你是不是想吓我？"

回到家，我叹口气说："我要做饭。"他也叹口气说："我要写作业。"于是我俩便各做各的。一会儿，饭菜好了，两个人大吃特吃起来。今天他吃得快，用餐巾擦擦嘴，说："爸爸，你吃完了，喊我过来收拾啊。"

我简直惊呆了。平时他也会收拾，但多半是在我们的提醒或者是奖励下，今天这一句不经意的话，让我这颗男人的心也变得温柔。

几分钟过后，我倚在沙发上，舒心地看着他小心地端着碗筷往厨房走，自有几分惬意。看到还剩下最后一个碟子，我忙站起来，说："这个我来吧。"

他冲我笑一笑，手一伸，碟子已经在我手上了。

小家伙今日值周了

几天前，小家伙告诉我说他班上有二十多人被选为值周的同学。"我才不想值周呢，一直站在那里，见了老师还要喊'好'，多累呀。"

我笑问："你也被选上了？"

他低着头，用脚踢着地上的碎石，毫不在乎似的说："没有。"

我笑笑。没有就没有吧，没什么的。我想。

过了一两天，他放学一见到我，就兴奋地说："我被选上值周生了！一个同学被老师换下来了，说他表现不好！"接下来的日子里，"值周"便成了他操心的主要内容：我是单号还是双号值周呢？我在前门还是后门呢？我穿什么鞋子呢？穿凉鞋光着脚丫子多不好看，可是球鞋偏偏下雨淋湿了……我们见了老师还要喊好，可是我不知道哪个是老师哪个是校长……林校长我虽然认识，可是还有副校长呢……要检查红领巾、校牌，我眼睛看不过来怎么办？诸如此类的话时时挂在嘴上，如心理学上所谓的强迫症一般。

昨天晚上睡前，他还是不确定到底几点去站在门前。"有的说七点半就可以了，有的却说七点。我几点去好呢？"我说："你们八点才做操，去那么早干吗？"他不开心道："老师叫去早点的嘛！"我便让他七点半去，他想七点。于是两人讨价半天，还是七点二十到就成了。他睡前，再三叮嘱我要及时喊醒他。

今天早上的一切行动都按照计划的时间进行，只不过他永远怕去晚了。出了小区，他前后左右瞅瞅，说："看，我们学校的学生，他们已经开始上学了，我又晚了吧！"我便拉着他的手快步走，省得他不停地操心。走进一条狭窄的街道，忽听一人叫他的名字，一看，是一位扎着马尾辫的小姑娘，也背着一个大书包，在路那边笑着走着。

儿子说："我同学。"然后转过头去，大声说："我值周，你值周吗？"然后又转过头对我说："她也值周！"我心想我都听到啦，不用你重复啦！只听他又转过头去问："你是单号还是双号的？你也双号？也是星期二？爸爸，她也是双号！"接着又问："你在前门还是在后门？"我没听清她的回答，似乎听到笑道："值周时我要踢你一脚。"

小家伙脸一偏，委屈似的说："我又没欺负你！"那声音很明显有怕我听到她会告状之意。

那女孩笑道："你就欺负我了。"

小家伙没接她的话，而是问："迟到了吗？"

小女孩在那边加快了步子，马尾辫一跳一跳的，说："那就快点呀！"

小家伙还跟在我后面，我说："你们一起走吧，快点，别迟到了。"

小家伙看看马路两端，跑过去，两人并排急急地走着，边走边说些什么。

轻盈的小姑娘走路带有跳意，像只上下翻飞的蝴蝶，而已经显胖的小家伙却像一头结实的小猪。看着看着，似也是马路上的一道风景。

早上值周，中午又有什么故事呢？

等着吧。

秋风醉人

坐在凤凰树下的台阶上，远远看见小家伙闪进学校大门。他习惯性地往我这里搜索，见了我，于是举起手，向我飞跑起来。

还未到跟前，他慢下步子，弯着腰，大口大口地喘着气。

我不屑道："这功夫怎么打篮球？"

他把手往后一指，说："我……我从那里开始跑的！"

我笑道："算了吧，身体不行就是不行。"然后一翻身，从台阶上跃下，扶着他的背。他也顺势搭着我的腰，两人边走边聊。

他说："有个阿姨跟我说话呢。"语气带点神秘感。

我"嗯"了一声。

"她问我语文考了多少分，我说是九十三加八，她说真了不起！"

我笑起来。因为这个难得的分数，害得我昨晚请他吃了顿"真功夫"。

"她还问我吃不吃东西，就是学校门口卖的那些。我说，我爸爸不让我吃那些不干净的东西。她就对她的孩子说：'你看他多听话！'她又想请我吃别的，我只好说我爸爸也不让我吃别人的东西，只吃自己的东西。她夸我好听话呢！"

我不禁又笑起来。我说："你别的地方说得都不错，只是当别人请你吃东西的时候，你最好不要说不吃不干净的东西，否则别人多伤心啊。"

他点点头。我问："爸爸不让你吃那些东西，你是不是好难受啊？"

他摇摇头，说那些东西不卫生。然后他似乎想了一会儿，说："她还问我数学考多少呢。"

我又忍不住笑起来。这家伙数学没考好，所以先把喜报上，最后再报忧。不知那位女士说什么呢。

"我说我考了八十三。阿姨对她的孩子说：'这也比你考得好多了！'"

我才明白，原来那位女士现场说法，拿着我的孩子给她家公子上课呢！看着小家伙居然成了相当正面的教材，我不禁也得意起来，觉得这个父亲当得相当有价值。

有时我想，酒是什么？也许，酒正是这么一滴一滴酿造出来的。

"鸡叫"老师

又是与小家伙相携走在放学的路上。秋风拂面，送来南湖的丝丝水汽。

昨晚参加了他的家长会，老师对他的赞语颇多。当时一出校门，我就给在家写作业的他打电话，把老师的话统统倒给了他，并且还加了不少自己富有感情的赞美语。因为我深深知道，表扬是越及时越好，态度是越真诚越好。

他的脸上甚至还带着昨晚受表扬的笑意，那灿烂的脸色如惠州的秋天一样舒适宜人。我问他上午上了哪些课，他说："语文、数学。""还有音乐。"他又补充了一句。

"昨天家长会上我才知道，你的好多老师这学期都换了啊！"

他点点头，便一个一个地数，看看哪些没有换。当他数到音乐老师时，我这个五音不全的人随口问了一句："她唱歌好听吗？"

"嗯，好听。我三年级的音乐老师，唱歌时像鸡叫一样，我们都叫她'鸡叫老师'……"他抬头看看我，可能是发现我笑起来的缘故，便又大胆讲下去：

"一听到她唱歌，我们都用书把脸遮住，趴在桌上，偷偷地笑。阿肖有时候就说：'鸡开始叫了，鸡开始叫了……'我们笑得受不了……"

我在想象一个女老师尖着嗓子在讲台上引吭高歌时，一群小家伙在台下用书遮着脸强笑的场景，自己也忍不住笑起来。

算了吧，活得洒脱一些，也不必教育孩子什么师道尊严了吧？

小家伙画像

正在办公室改作文，忽然感觉到有人在背后用指头捅我。不用说，小家伙放学回来了。果然就听到他"嘻嘻"的笑声。

他把书包往木沙发上一放，也一下子将自己扔到沙发上，长长地吐了一口气，仿佛游子真正回到家似的。

一会儿，听到他问："爸爸，这张报纸有用吗？"

我扭过头一看，原来是昨天的报纸，上面尽是些领导的照片，一个个端端正正，很是那么回事。

我说："你想要干什么？"

"我想……拿回家……"他笑嘻嘻地恳求。

我刚一点头，他就"耶"了一声，把书包往背上一背，抓起报纸，说："回家吧。"

一高一矮相携，不紧不慢地走在路上。忽见他探过头来，满脸都是笑，望着我。这个表情是在有事要征得我同意时所特有的。

我说："有什么话，说。"

他说："我想……"

我问他："想什么？"

他终于说："嘻嘻，我想……回家给他们画胡子……"

我瞅着他，笑起来。画就画呗，只要你开心就行。

我点点头。

"以后，我拿给他们看……"他似乎一下子陷入美好的憧憬之中，"我说，各位同志，这是我给你们画的像，请欣赏。"说着，他忍不住大笑起来。

我也大笑。仿佛看到几个严肃的老头儿站在一个孩子面前，弯着腰，睁大眼睛盯着自己已被顽童加工过的照片，煞是有趣。

"你说他们会不会一下子把我扔出去？"小家伙笑问。

嘿嘿，不会吧，现在正在创建和谐社会呢。

将写孩子进行到底

早上起来，便直接到小家伙的房里。他侧卧在小床上，裹着薄薄的淡青色丝绵被，两手搁在枕边，肉乎乎的脸从臂间露出。

我轻轻走进去，在床边坐下，举起手想拍拍他的屁股，却在中途改变了手的方向，轻轻地摸着他的脸。他脸上的肌肉略一收缩，呼吸仍然绵长。

每天早上，我很快就会进入幸福状态。孩子，也许你不知道。

还是拍他的屁股，肌肉紧而富有弹性，以至于他脸上的肉也在同时颤动。这也是蝴蝶效应？有些像。

他两手支着床垫，头竖起来，两眼眯着。看到了我，笑笑，才发现他嘴唇有些干。他又想往下歪，我赶紧止住了他。他又笑笑，坐直，说："爸爸，我做了一个梦……"然后就兴奋地讲起梦来。我听着他讲我从来没做过的梦，不时故意问几句，然后说："时间到了，时间到了，起来！"他有些

不太情愿，说："今天又不是你的早自习……"而我早走到他的衣柜前，拿起他的校服，冲他一抖，说："接招！"

他同往常一样，一下子全神贯注起来，眼睛盯着我的手，两手放在胸前，做出接物之势。我却将手一收，他自然接个空。我又说："接招！"上衣飞过去，他两手一合，接住了，开心地笑。接裤子自然不成问题，但是袜子速度太快，往往超出他的反应，袜子撞到他肚子时，他两手才合在一起。他有时会说："不算，再来一次。"再来就再来吧，这次就让他接住吧。

一位朋友，也常常写孩子。她说，等孩子十八岁的时候，把这些文章和他的照片一起刻成光盘送他，当作成长礼物。我不由得惊叹这礼物的珍贵和自己的疏懒！自己虽也曾写孩子，但多有疏漏与懈怠，特别是这段日子！

我想，是不是应该将写孩子进行到底？

儿子打针

儿子的咳嗽本来好了，只是夜里老是把被子踢下床，于是，咳嗽又开始了。

今晚带他去诊所，医生问过之后，说："打吊针吧！"他非常乐意，因为他知道吊针不怎么痛。但是我说："打两个小时，作业怎么写得完？还是打小针吧。"儿子满脸不高兴，不住地怪我多嘴。

终于两支针打完了，他的泪总算没流出来。走在街上，不住地说我残忍。他说："我的屁股肯定还在流泪呢！"

我大笑，说："男子汉，大屁股，流血不流泪。"

他也笑。

无家可归者

今日没让儿子洗澡。他上了床，光脚在被子上跳跳，说："不洗澡还真不习惯呢。"

我让他钻进被窝，他眨眨眼睛，说："我一躺下，就想……"

我说："想什么呢？"

他回答说："我想，那些无家可归的人，现在怎么过呀？"

我说："这还是南方呢。你说说在北方，那么冷，他们怎么过？"

他摇摇头，说："没法过……"

我站起来，望着他说："你呀，好好学。长大了，第一，不当无家可归者；第二，如果有能力，一定要帮助无家可归者。" 他点点头。

我关了他的灯，正要走，他把手伸出来，说："抱抱。"

我俯下身子，两个人轻轻地抱在一起。

小家伙也能赚钱了

我正在看书，小家伙得意地从口袋里掏出五角钱，抖了抖，说："赚钱也不难嘛！"

我就问他如何赚的钱。

他的答案吓我一跳。他说："我帮同学写作业，她给的呀。"

我忙把他叫到身边，瞪着眼睛望着他。

儿子对钱并不敏感，有也罢，无也罢，不会轻易放在心上。昨天圣诞节，一直没说要礼物。我原以为他忘记了，不忍心让他忘记，便在他睡前提醒他说："现在圣诞夜哟……"他说："不对不对，明天圣诞节，明晚才是圣诞夜……"原来他把初一的晚上当成除夕夜了。我笑笑，没多解释，心想晚一天给礼物也没什么吧。

　　于是今天我就等着他的申请。其间也明明提到平安夜，提到礼物，但他一点也没有上心，没有要求。我就本着"你不要我不予"的态度，安然地到了他的入睡时间。

　　这样的孩子，钱的诱惑力对他不会那么大吧？

　　我望着他，说："你这样做，是害了她呀。"然后说明理由。初时他解释说是同桌请他帮忙，不是计算类作业，是抄写的，而他同桌是班长，忙班里事，没时间去做，于是请他帮忙。

　　我把其中的关系理顺，说明了我的理由。我说："她多不合算呀。不但失去了练习的机会，还白白丢失五角钱。"

　　他笑了。于是答应明天还钱。

姚明的水，谁不爱

　　与妻儿一起看NBA，中间自然插播广告。有一小孩子与姚明赌球，谁投中谁就喝那瓶饮料。孩子先投，中了；姚明投，也中了。姚明转身拿水，却发现那瓶饮料早被孩子拿跑了。孩子留下一句话："姚明的水，谁不爱？"

　　我笑着对妻子说："我怎么听成：姚明的嘴，谁不爱？"

　　妻子扭过头，瞪了我一眼，又看看小家伙，说："儿童不宜！"

小家伙的第一首诗

　　一好友的儿子鹏来家，小家伙特别高兴，下午一起打了篮球，回来玩了一会儿就吃饭。鹏吃饭快，把碗一放就到沙发那边打开电视，正是他俩刚才未看完的《名侦探柯南》。妻说："鹏，你也不等一会儿，还有一个人的饭没吃完呢！"小家伙"呼呼呼"地把饭全扫进嘴里，撕片纸巾把嘴一抹，道："我写一首诗去！"一下子就闪进屋了。

　　一分钟不到，他便走出房间，道："听听我的诗。"也不顾我们吃惊的眼神，大声地念起来：

赠老友

更新纪

十月终于来一次，

回家就要看电视。

不等我呀不够义，

请你关掉大电视。

　　我们听完哈哈大笑。这哪是诗，连顺口溜的门槛可能都攀不上。不过再细想，一个从未写过诗的孩子，能张嘴道"我写一首诗去"，这就是灵感触动，有感而发；题目、作者（"更新纪"三字初以为是笔名，后来他解释是刘唐朝、宋朝般的朝代名）格式规范，可见小学训练有素；一首四句，每句七言，可见七绝的影响；无意中的押韵显出所背古诗的潜移默化。就其意思来说，相当明了：首句说明咱哥俩见面不易，应该珍惜；次句"就要"二字足见心中的些许不满；第三句"不够义"是不满的爆发：打球回来看电视也罢，为何没等我吃完饭又打开电视呢？真不够哥们义气；第四句则是强烈的要求。不过那个"大"字很明显是为了凑字而写的。

　　虽说此诗表达了诗人的强烈不满，但大家笑完之后，他已经依偎在老友身旁，一同看《名侦探柯南》了。

看不出的心事

　　小家伙近来复习，每天要做三张语文试卷，要完成三篇卷中的作文。量虽多，但因为老师仅是检查做了没有，无暇顾及质量，所以，小家伙可以趁机草率成文。

自己虽是语文老师，但极少对他的作文进行辅导。平时更多的是鼓励他多看书，多与他交流，有时故意用言语难为他，让他想办法反驳。所以，他的语言里，时时有让我意料不到的句子，有时，也透露出我所忽视的情感。

昨晚他写了稚拙的一文：

给爸爸的一封信

亲爱的爸爸：

您好！我四年级了，课程难一点了，考试是使我惊心动魄、毁灭性极大、很受打击的一件事。

我抬头看见蓝天时，就想起我期中前的很差的分数：一个86，一个83，一个86。它们在我脑海漂浮着，真是"垃圾"在污染"大海"。

我的一次100分震撼了我，仿佛是多了一只"海鸥"在把垃圾清走。光是一个"海鸥"怎么能行呢？

又一个100分，又一个94分。

终于"垃圾"清走了。希望您也能鼓励我！

祝：身体健康，一本万利。

您的儿子：尘尘
1月7日

此文语句多有不通，有词语乱用的现象，如"惊心动魄""毁灭性极大"等，有一些知识性错误，如海鸥是否可以清走垃圾。文中也有一些有趣的句子，如"我抬头看见蓝天时，就想起我期中前的很差的分数：一个86，一个83，一个86。它们在我脑海漂浮着，真是'垃圾'在污染'大海'"。

另外，我从来没有感觉到分数会让他产生这么大的压力！因为我们对他的分数看得很淡。他初入这个班的时候，考试多是80多分，也有70多分的，我们从末指责过他，只是说"看看错误在哪儿，下次再细心些"或者"嗯，有进步，下次再努力点儿"。也正是一次次的鼓励，他的分数才慢慢上升，数学竟然连续考过几个100分，而语文也能考到班里前三名。在我的意识中，生活在这样家庭的孩子不应该有分数恐惧感的。没想到，那种低分却如"垃圾"一样在他脑海里"漂浮"，而且竟"漂浮"了这么长时间。

原来，生活在这样的社会，谁都会有压力的。

小家伙学乒乓球

孩子匆匆写完作业，就对我说："爸爸，我要去打球了。"

我说："等我一下，我也去看看。"

我们一起到了四楼乒乓球室，教练已经来了。小家伙把东西往桌上一放，脱下外套，就去做准备操。

记得还是一年前，我们发现小区里有学球广告。这家伙，叫学奥数，不去；学奥英，不去；学吹拉弹唱，不去。看看别的孩子都在蓬勃发展，心想不让孩子学点儿手艺也不成，便问他学不学打乒乓球。他权衡再三，觉得还是打球少操些心，况且训练就在楼下，不到一分钟就到了，于是选定打球。

我们眼看着他从握拍开始，练发球、步伐、挥拍，点点滴滴，一步步学起。我与妻子都爱打球，但是却不敢和他交手，怕他刚刚学会的技术变形。有一段时间，他的球总是包不住，教练一个劲儿地让他挥拍，弄得他好不开心。每次训练结束后都有体能训练，蛙跳、俯卧撑、仰卧起坐，量都是很大的，有时他实在跳不动了，一屁股坐在地板上，半天起不来。

日子就这么慢慢地过。两三个月过后，教练就说我儿子是他带过的手感最好的学生。开始我以为他会对每一个家长都这么说，后来当我发现他当着别的家长的面夸小家伙时，我才知道小家伙或许手感真的好。他天生用左手，是这伙学徒中唯一的一个。但手感与左右手没有必然的关系吧？于是我就注意他与别的小朋友打球时的不同。一位家长说："你那孩子打球时，那球好像都粘在拍上似的。"我想，这是不是感觉？

他是入门最晚的一个，渐渐地，他能赶上并超过某些早入门的孩子了。

近时训练打比赛，他能与一个学了两三年的小家伙抗衡，让我感到多少有些意外。

假日无事时，我们也带他去学校试试身手，他的经验远逊于我们，所以，还不足以威胁到我们的权威。不过他有时凌厉的扣杀与稳当的对拉仍让我们叫好。

他每星期练两次，一月就是八次。每月学费五百元。因为学球人多，教练一周要训练四次。有次教练对他说："别的孩子交了学费一周学两次，你只要有时间，只要有训练，就可以来。"然后他又强调一句似的，"就你一个人可以。"

我在旁边听到，也为孩子欣喜。

有时候交学费，孩子看到一张张的钱，就说："不学了，费了你们这么多钱！"

我笑着说："错了，你为我们节约了多少钱啊！你学一年抵得上别人学三年，你就省了两年的学费啊！"

他笑笑，不再言语。他也许不是真的不想打，因为通过打球，他结识了一个好朋友，天天上学放学走在一起呢。

但愿孩子能学得更开心。

好梦难做

九点半，准时伺候小家伙睡觉。他坐在小床上，边脱裤子边笑道："早上奶奶喊我起来的时候，我又在做好梦。我说，别开灯别开灯，让我把梦做完！"

我忍不住笑起来。好几次了，他都说好梦被我们吵走，有时还一脸的不开心。

我有些可惜地说："你呀，以后就把好梦先做，别老是等到天亮时再做！"

他望着我，停了一会儿，认真道："好梦它不来呀！你以为好梦是好做的呀？"

哼，我要是知道好梦好做，还不天天去做！

好不容易混进来

"你们班有没有转走的学生？"我慢慢地嗑着葵花子，问道。这些瓜子是前些日子来客时打开的，现在有些发潮。

"没有。"小家伙嘴里说着，还在那撅着屁股俯着身，小心地给新书包着书套。

"有没有转来的学生？"我问。

"没有。"他说。

"为什么呢？"我忽然想到这是蔡明的口头禅。

"人太多了，七十多人。转出去容易，转进来难啊。"他向我解释道。

嗯，口气倒像个大人。

谁知他又好像不经意地接了一句："我也是好不容易混进来的。"

"你怎么知道的？"我忍不住大笑起来。

可他不再理我。

想想两年前来惠州，孩子上学成了大问题。找了几个学校都说没有空位。好在我所在的学校挺够意思，出面协商，把我们好几个老师的孩子安排在一个较远的学校。后来校长知道我接送孩子很不方便，便打电话给附近一所小学，颇费了一番口舌，竟然解决了问题。

估计小家伙也理解父母当时跑学校的辛苦，一句"好不容易混进来"，把我的思绪不由得带到往昔！

作业少了

刚推开门，就看到小家伙趴在餐桌上写作业。他头也不抬，道："爸爸，我的语文作业快写完了。"

我有些奇怪，问："两篇文章抄了吗？"寒假时除了那本寒假作业，老师让他们每天摘抄两篇作文。我和他妈妈觉得这个工作量颇大，便搬出几十本《读者》，专门寻一些一两百字的短文让他抄。后来他连短文也没有耐心，干脆抄起里面的短诗来。结果开学时遭到老师委婉的批评，说诗不是作文。这种作业开学后继续进行，使得看过《士兵突击》的小家伙总称老师为"屠夫"。

昨天他又翻出《读者》，重复了往日的故事与怨怒。今天，这么快就抄完了？

谁知他得意地说："今天不用抄了！黄主任把我们班长叫出去，听说作业太多了，结果就没有再布置。"

他忙着写字，说话断断续续。我也挺开心。

吃饭的时候，我说："讲讲班长是怎么回事。"

他说："有一个同学，学习还不错的，要求转班。黄主任下午就把班长叫了出去。班长回来的时候，我问她：'你是不是说了方老师好多缺点？'她说：'哪敢呀？自然是拣好的说啦！'"——我突然觉得现在的小孩子也很世故——"'不过，我也说了我们的作业太多了，也算是为你们尽了点义务。'"

我忍不住笑起来。这些孩子，说话怎么都像大人一样！唉，不管如何，没有了那样的作业，孩子开心了，我这个家长，心里自然也开心了。

给母亲的礼物

儿子突然想给他妈妈买礼物。我开始时没当回事儿，后来见他认真，便问："买什么给妈妈呀？"

他说："一个大玻璃球，一倒过来里面就像有雪花似的……"

我觉得不好，就说："不好不好，妈妈是大人了，不好玩。"

他执拗地说："就要那个嘛。"

我不禁问道："是不是你喜欢那个呀？你是给妈妈买还是给你自己买呀？"

儿子有些不好意思。停了一会儿，他问："那买什么呢？"

我回答说："口红。"

可是他却说："我不喜欢口红。"

我告诉他："妈妈喜欢呀！女孩子都喜欢化妆打扮的……你看看，妈妈天天涂嘴巴，就会想到你。"

他脸上还有些不情愿，似乎不想让妈妈在嘴巴上涂来涂去。

放学了，我们一起来到"生活坊"，他专注地在一件件物品前瞅来瞅去。

"这个行吗？"他用手拉拉我的袖子。

一棵用玻璃制作的树，伸出粗壮的树枝，枝上系着两条细细的铁链，荡着一个秋千，秋千上坐着两只可爱的小猪。

晶莹剔透，小巧玲珑。我也点点头。

他请服务人员包装，选好包装纸和装饰花，然后开开心心出了商店。

路上，他时不时把包装盒从袋里拿出来看。他说："这是我第一次给妈妈送礼物。"

"嗯。"我想想的确是第一次。

"妈妈养了我10年，我就送她58元。"他说道。

看他专注的神色，我心中突然涌起一阵感动。

"我送她一元，她也开心，是吧？"他问我。

"是啊！"我说。

"我送她一角，她也开心，是吧？"他又问道。

"是啊！"我依然很肯定地告诉他。

是啊，妈妈有你这个儿子，永远是开心的！

出租旺铺

出门就是街道，行人却不多，所以，楼下临街门面的卷闸门一直紧闭着。后来，有一张大大的彩纸将整个门糊住，上面写着几行字。第一行两个大字"出租"，第二行是更大的两个字"旺铺"，第三行是"联系人：李小姐"，第四行则是几个电话号码。

每天与小家伙一起上学放学至少四次从此门前走过。两人精神一直很好，对很多东西都好奇。看到那几行字，小家伙就随口念起来："出租旺铺。"

我"嗯"了一声。

他又念道："联系人李小姐。"

我又"嗯"了一声。

"出租联系人。"小家伙玩起文字游戏了。

我笑起来。

"出租李小姐。"小家伙还得意地乱配。

我大笑。

"出租旺铺李小姐。"小家伙仍快活地说着。

我则大惊，不敢再笑出来。

快乐原来这么简单

早上第一节无课，翻看着学生上周的试卷，找些共同的问题及需要提醒的学生。然后伸一伸懒腰，站起来，踱到对面办公室，却发现同事小曾还在忙着改试卷。

我真是一阵狂喜！我这个人极讨厌改试卷，每次考试对我来说都是痛苦的折磨。我总认为，那些老师神经质并近似发疯，一半是因为改试卷。一张张的试卷拿走老师的青春不算，还带走老师的灵气。每次测验，我的成绩总交得最晚。上周测验完毕，班主任急着讨分，学生追着问分，着实躲不过去，清明放假三天我就下了狠心，以牺牲无数脑细胞为代价，终于消灭了所有的问题。今日上班，居然发现还有一位比我改得还慢，那喜悦呀，怎么能抑制得住呢？——哪管她对我的幸灾乐祸怒气冲天！

我想：原来快乐这么简单。

下午放学回家，小家伙在餐桌上做作业，我准备做饭。打开冰箱，发现一盒凉茶，便拿出来，放到他手边。

他抬起头，看看，笑道："我一个人喝，有些不好意思。"

我说："爸爸给你的，喝吧。"

他想了个办法说："我喝一半你喝一半吧。"

我说："不用了。"

正炒着菜，门被推开了。他端着红红的盒子走进来，把那吸管往我嘴边送。

我弯下腰，把吸管放进嘴里。

"再吸一口。"他说。

我又吸了一口。

"再吸一口。"他又道。

"行了行了，我一口很大呢。"我说。

他又端着盒子出去了。

我想，原来快乐这么简单。

活着，真好

周一，小家伙说："爸爸，我有些咳嗽。"

我"嗯"了一声。

上周六带他去深圳看妈妈，疯了两天，周日晚上回来时，车上空调有些凉，而夜里睡觉他又盖不住任何东西，再加上这些天阴雨绵绵，气温忽高忽低，咳嗽，也是正常现象吧？不过想想他近一两年未曾感冒过，而一个月前不慎"失足"痛苦地挂了几天水——这个周期，也太短了吧？

他不想去打针，我也想让他扛一扛。周二，咳嗽加重，又流起清鼻涕来。我想，再坚持一下吧，便到超市买些梨，削一个，与冰糖一块熬，让他喝下了。

晚上在QQ里向妻子汇报情况。妻子听明原委，静了一会儿——一定是在那边上网查症状——说："他得的是寒咳，鸭梨与冰糖不对症。"我张大嘴巴。等一会儿，她发来一个方子：萝卜若干，生姜若干，大枣若干，煮20分钟，将渣捞起，加入若干蜂蜜，煮开，温热时服下。

昨日中午不睡，专做此事。那水虽姜味逼人，但蜂蜜仍然诱人，小家伙能快速喝下。晚上再一次，咳嗽减轻，今天上午基本不咳。中午放学一回家，他道："爸爸，还给我熬药！"大概他也尝到屁股不痛而咳嗽消失的甜头，便有生以来第一次主动地申请服药。

下午放学时，父子俩走在湖边，那抹夕阳在飞鹅岭上炫耀。小家伙开心地说着琐事，咳嗽似乎已经悄悄地离他而去。我得意之余，忍不住给妻子发条信息："夕阳下俩男人行走湖边，引无数佳人回顾。"想象着她看时能开心一笑。谁知等了许久，不见回音，便又发一条道："就是有一个女人不回头，郁闷！"那边依旧没有回音。女人天生高傲，其实我早已习惯，并不介意。回家小家伙做作业，我做饭。饭做好，我便坐在他身边看他用左手飞快地写字。我问："不咳了吧？"他头也不抬，只是"嗯"了一声。我便又拿起手机写信息，道："看到儿子居然不咳，我幸福得快要流泪了。你高屋建瓴的指导与我丝毫不差的执行，创造出我们家治病史上的奇迹。"

妻子来信，说洗脸刚回。在QQ上，我说正在写文章，写她和儿子。她说："好久没见你写了，写好我第一个看。"

是啊，第一个就给你看。

能活着，真好！

（此文写于汶川地震之后）

儿子让我好累

漂泊十多年，好不容易有了自己的房子，总算安定下来。一家三口有时坐在新房里，满是惬意。

谁知好景不长，儿子的不满随即产生了。原来自己买房时阴差阳错选中了一个外人所谓的"富人"小区，几乎家家都有汽车。儿子的不少玩伴上学放学都由汽车接送，更不用说节假日一家人自驾游了。儿子虽也羡慕别人家里豪华的摆设，但更大的愿望是自己也有一辆四个轮子的东西。走在路上，他说着一辆辆一闪而过的汽车品牌，毫不掩饰自己的渴望。于是他就开始问我们什么时候买汽车。开始时我说，要汽车干吗？我们家离学校只有几分钟路程，而停车场正在学校与小区之间，车还没有发动呢就到了，买辆汽车天天摆在停车场不是开玩笑吗？

儿子起初似乎相信了我的借口，于是又对新房离学校太近而感到不满。他时不时地说，把这个房子卖掉，到什么什么地方再买一套，这样，就可以开汽车了。我说，你傻啊，有多少人羡慕我们家离学校近啊！家远的人，天天开着汽车赶路，累不累呀？再说，你看学校门口，上学放学全是汽车，堵得连人都走不过去，好玩吗？

儿子似乎对辛苦和堵车毫不在意，他只是憧憬着人在车上的快意。上学放学路上，他时不时地道："要是有辆汽车多好。"或"我们什么时候买车呀？"我有时觉得烦，便不理他。有一天，他长叹一口气道："唉，指望你们是买不到车了。等我长大了自己买。"我连连说好，并说，到时我可以沾一下他的光了。而他则煞有介事地考虑是否让我坐。

儿子对我使用的小灵通深恶痛绝，他总觉得手机比小灵通有身份，大手机比小手机有身份。他对我的自贬身份或根本没有身份相当愤怒，总是怂恿我去买个手机，并且还要买个大屏幕的，最好还是手写输入的。他时时拿起我那个轻飘而没有手感的小灵通讽刺挖苦，极尽嘲笑之能事。我厌烦他以机取人和浑然不去考虑小灵通主人高尚的灵魂的庸俗观点，又懒得去争辩，便常常以装聋作哑应对。今天中午，他在我办公室玩，看着我桌上压着的值班表，道："这些人中，数你最穷。"我道："胡说。"他毫不理会我的怒气，仍然漫不经心地说："别人的电话号码都是11位，只有一个人的是7位。穷，穷。"

我冲他一瞪眼，道："你累不累呀？"

突然想到，他累不累我不知道，反正我是累死了！

试卷丢了

今天中午值班，不能回家，所以早上就告诉小家伙，放学时直接到办公室来，有盒饭伺候。到时间，门被轻轻地推开，探进一个头来。见我在，便笑着进来。尚未走近，便道："你猜我考了多少分？"还把那个"分"拖长几秒钟。看他得意的模样，便知有备而来，但我毫无表情地说："不知道。"他笑着，一手抓住短衫往上拉，一手便往衣里探。

我用余光看他的表演。这家伙，这些天也学懒了，中午不带书包回来。那肉乎乎的肚皮外，难道揣有什么东西不成？

他怀里的东西尚未掏出，嘴里还不停地说："试卷被我不小心撕成两截……咦，还有一半呢？那一半呢？我的96分呢？"

他把半截试卷摊在桌上，不住地道："96分，96分，那个96分呢？"

原来只有下半身，标有成绩的上半身，居然找不到了。

小家伙哭丧着脸，不住地解释，说本来放得好好的，一定是掉到路上了。

我说："90分。"他不依。我说："扣掉粗心大意的6分。"他更不依。我便把他的衣服掀起，前前后后都摸了一遍，感觉到手上都沾了肥肥的油脂。

好玩。

正在长大的孩子，其实还小

听说台风"风神"今日登陆。乌云在湖边小山顶上乱滚，偶尔一阵豆大的雨点，砸得湖面四处开花。

下午课后要开校会，不知何时才能结束。中午便把钥匙交给小家伙，让他放学后自己回家。

会议内容又与创办文明城市有关，备觉无聊。

外面的天越来越黑。在报告厅里，隔着厚厚的玻璃，看不出是老天的自然黑，还是云加重了颜色。手机又没有电。那小家伙，回到家了吧？

领导还没有懈怠的意思，我手中书上的字迹越来越模糊。把身子往前伸一伸，头靠在椅背上，眼睛一闭，似有睡着的感觉。

那小家伙，应该在写作业吧？给我打过电话吗？打不通，会着急吗？

领导的一句"今天的会议就开到这里，谢谢大家"赢得几片稀落的掌声。众老师都急不可待地站起来，走向离自己最近的门。

我搭乘一位同事的车。车前的雨刷不住地摆动，怎么也拂不净满脸的水。

他会着急吗？

下了车，我的伞还未完全打开，就冲进雨中。我的心，早就飞向那间小屋。

"你回来了？"又是我每次扭动钥匙时屋里的习惯声音。

透过纱窗可以看到他放下笔，从桌边站起来。

"爸爸……"他叫道。

我打断他的话："你着急了吗？"

"不着急。爸爸，我把饭做好了。我正在写课外阅读。我还给你泡了一杯茶，我给你端去……"他说着起身去了厨房。

他把我的杯端过来，问："是不是茶叶有点多呀？"

我当时有点傻傻的。因为做饭、泡茶之事他以前除了因为受到吩咐而偶尔做之外，一般从不涉及。

"你尝尝……"他满是期待。

我尝了尝。好苦好苦！

"还好，不太苦……你在哪儿找的茶叶？"

他打开柜门，举起一个茶盒，说："这里。"

嗯，这盒茶叶是我早就准备扔掉的。

"我怕茶叶有些多呢！你看。"他打开泡茶的壶。果然，茶叶膨胀得把壶盖都顶起来了。

我笑笑，突然想起一个问题："你烧的开水吗？"

"是啊，我先烧水，再泡茶——来看看，看看饭做好了没有？"他手搭在电饭煲上，一按，轻轻往上一抬，打开了盖子。

那一粒粒的米正安静地躺在水中呢。

他急得跳起来，大叫："哎呀呀，怎么搞的，怎么搞的？我忘记按电源了！"

我大笑，把盖子合上，再轻轻地按下电源，说："不要紧，一会儿就好！"

他满脸遗憾——满脸遗憾！

可以想见他回到家后做了些什么，想了些什么。有一天他与一个小妹妹玩，我突然感觉他长大了。再看看他今天所做的一切，原来他真的长大了，已经不需要父母过于挂心了！

我很快把饭做好，他吃了一碗一碗又一碗。

我洗碗。他倚在厨房门边，说：

"爸爸，我想大便。"

我眉头皱起来："废话！"

"你不许啊？"他问。

"废话，谁管你那事儿！"我假装斥责。

他笑嘻嘻地跑开了。

我知道，"你不许啊"等等其实都不是废话，那是对亲人的一种依恋。

我知道，正在长大的孩子，其实还小……

也去开会

这几天我要连续学习四天，妻子也去上班了，于是如何安置孩子就成了问题。让他一个人在家，却也无聊；让他跟着我去报告厅，且不说他听不下去，就是我也要打瞌睡。不过，思来想去，还是把他带到报告厅为好。好在刚给他买了辆二手单车，而他骑兴正浓，那就从单车人手吧。

我说："清尘，明天我要去开会，你跟我去。"不出意料，他马上极不情愿地"嗯"了一声。

我说："我把自行车骑到学校，再带个篮球，再带本书，再带些白纸，你可以画画。行吧？"他马上问："你开会时我可以在外面骑车吧？"我点点头。于是他马上同意了。

第一大早上，我让他坐校牛去学校，而我则骑单车。没踩两圈就觉得车子有问题，但又不敢回去换一辆，因为怕校车到了后他找不到我。我就踩着病车往前冲，不一会儿就觉得两腿发酸。想想也是的，实在是好几年没怎么骑车了，再加上这车实在不爽，我真发愁怎么才能骑到近二十里外的学校。

好在少年时吃惯苦了，这些不适很快就能被忘却。四十分钟左右，我们在校门口相遇。把单车随便往报告厅外一停，带着他就进去了。

里面人多声杂。我们在后排找到两个位置坐下，他好奇地东张西望。毕竟是第一次来，少不了一些新鲜感。当人们渐渐安静下来时，他抢过我的塑料袋，从里面翻出本《名侦探柯南》来。我冲他笑笑，他明白我笑他看漫画，也笑道："我先看'柯南'，再看别的书吧。"

台上做报告的是某市教育局副局长，讲的都是他所在的城市教育和谐发展情况，与我没什么关系，于是我也拿出本杂书来。小家伙伸个懒腰，把"柯南"塞进袋里，我则不失时机地把《福尔摩斯探案集》递到他手中。

他看得很专心。不久，便说看完一篇了。会场上没法跟他交流，就让他

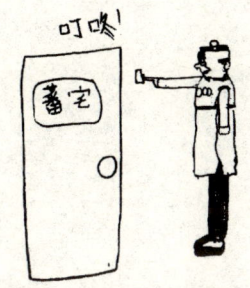

溜出去骑骑车。二十分钟不到，他满头大汗地溜到位子上，说绕学校骑了几圈，太热。我正担心他坐着无聊，这时，旁边一位同事说："清尘，我手机里有游戏，你玩不玩？"

他忙摆摆手，看了我一眼，说："不玩不玩，我听报告。"周围的人都笑起来。看着他那表情，我说："玩玩吧。"他便欣喜地接过手机，让那位同事教他。

因为有了游戏，他听报告的积极性高涨。今天早上我问他："不去了吧？"他说："不，要去。"小小的诱惑竟成了挡不住的动力，让我这个教育者不由三思。

依然是看书画画玩游戏，他在报告厅里过得自在舒适惬意。有时他也端坐着盯着讲台，有人问："你听得懂吗？"他随口道："听得懂。"又是笑声。然后他低着头悄悄问我："爸爸，你听得懂吗？"

今天没骑单车，两个人都坐校车来回。于是他有了一个任务，就是抢位子。车未来时，他已早早站在马路边。挤上了车，他便坐在靠过道的位子上，等我走过去，兴奋地说："坐这儿，这是我给你抢的。"我说："其实哪用抢啊，看看，后面还空着呢。"他往后看看，有些不好意思。

今天下午回来时，满满一车人。我俩坐在最后面，与一些同事寒暄完毕，便陷于安静。突然，他幽幽地说："爸爸，我六十岁的时候，你还活着吗？"

不少同事都扭过头，先是吃惊，然后大笑。我说："你六十岁……我算算，啊，那么老了，我尽量活着吧。"

同事们又笑起来。

他六十岁……我活着……这个任务有些重。努力吧。

终于上来了

　　昨晚接到办公室主任的电话，因创建全国文明城市的国家检查将在九月上旬进行，学校那几块黑板报要更新，于是替我请了一天假，可以不必去新校听报告，而是到老校区出黑板报。虽说可以逃脱那枯燥的说教，但被人提来拈去的，也让我不甚开心。我答应得很勉强，而小家伙听说这个消息后，脸色比我更难看——他玩不成手机游戏了。

　　好在老校区离家近，骑单车方便。我提着篮球、图书，他则骑着他蓝色的"宝马"出了小区。有时在家总把他赶下楼骑车锻炼，可是亲眼看到他坐在车上时，总觉得他颤颤巍巍的，让人不放心。总少不了几句"慢点啊""看着路""靠右走"等话，心也一直提着，总觉得把他从马路上抓过来放进口袋里才安全。直到他进了校园，笨拙地下了车，我才松口气，但仍说道："你别一下子跳下来，要脚尖先着地！"他反驳道："我这么重，那样子我的脚尖早折断了。"

　　同事已经在黑板报前站着，商量着修改的内容。好在上次省检刚过去不久，那期板报也是我们全力出的，保存到现在，还很醒目。主任说那块运动的内容要换成与奥运有关的，这样才与时俱进。于是我擦掉老内容，等黑板干了，再用白线弹格。我找了个"十大奥运难忘人物"，就要动手抄写。

　　小家伙凑过来，嘻嘻哈哈地问我写什么。我说写奥运难忘人物，他马上说："写中国足球啦！"想想他与他妈妈前几天老是唱着"我家球门常打开"的歌的样子，我不禁笑起来。我说不能写中国足球。他马上又说写龙清泉。不知怎么的，他对龙清泉举起杠铃的那一瞬印象特别深刻，觉得特别好玩。

　　我抄着文字，他在旁边蹭来蹭去，说："让我写写嘛。"我说："行，你就在边上写几个字吧。"他很开心，捡个粉笔头，用左手在黑板的右下角写上"中国足球臭名"。我看他的字也够臭的，就让他收起对国足的轻视，把国足从视线中擦去。

　　文字很快就写好了，有人打电话说要送上学期订购的校牌来。我俩便在大榕树下等。我拿出一本书来，对他说："你也看书吧。能动，能静，才了不起。"他从塑料袋中掏出书来，坐在石凳上，又站起来，说："有太阳，我坐在石象上看。"

榕树前有两座小石象，有五六十公分高。他爬上去，笨拙地调整好身子，前倾着看书，我则在这边享受着钱理群的《我的精神自传》。有时把目光从书中移开，看着他双肘撑在石象脑袋上，撅着屁股，两眼专注地盯着文字，那滚圆的屁股跟下面的石象一般模样，煞是可爱。再看看上面，是五百年古榕苍翠的枝叶，从枝叶缝隙中则看到点点蓝天白云。

我有时想，什么才是最重要的校园文化？让墙壁、让花草树木都会说话，都成为育人的有机组成部分，仅是校园文化局部。校园文化的主体应该是人。当一个校园里到处都有这般看书的镜头时，才是真正的校园文化。

这般借着小家伙说事，实在拔高了他，他还是个小屁孩呢。一会儿送校牌的到了，有两箱。我先试了试重量，他则抢了一箱小的，估计有二十多斤。我说："搬得动吗？"他说可以。我说："来，我们搬到五楼去。"我抱着大箱子就往前跑，他则吃力地抱起来，边走边发出"哼哧哼哧"的声音，仿佛想让全世界的人都听到。

我上三楼时，听到"咚"的一声响，估计他把箱子扔到楼梯上了，接着听到"好重啊"的叫声。我不理他，一会儿又听到那"哼哧"声和沉重的脚步声。

我上了五楼，把东西放在办公室，本想去接他，又忍住了，便站在楼道口往下看。不久看他抱着箱子上来，一步一挪，满头是汗。我说："要我帮忙吗？"他连说不用。当走上最后一级台阶时，说了声："终于上来了！"是啊，终于上来了！我心里说。

现在这般环境能让孩子出出汗也不容易。连汗也不曾出过的孩子长大了能做什么呢？

我只能不失时机地让他尽可能地出出汗。看他开心的样子，我也欣慰。

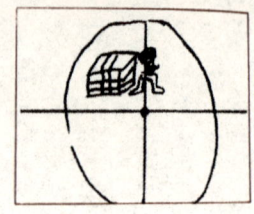

流水账也好

开学工作安排就绪，下午没事，就对小家伙说去打球吧。他当然同意。带上篮球、乒乓球、水、《福尔摩斯探案全集》等物，装了几个塑料袋。

太阳很猛，操场不宜运动，便商定先去室内打乒乓球。昨天他还说："我最喜欢听乒乓球在台上弹的声音了，当、当、当，非常清脆，我好喜欢听。"想想一年半前让他练球时的不悦，想想前段时间训练时的漫不经心，现在能陶醉在那清脆声中，无疑是一个飞跃。教练在他们每次练球完毕，都安排体能训练，如蛙跳、俯卧撑、仰卧起坐、跳绳等活动，让小家伙受益匪浅。起初他因为较胖而边练边哭，现在他自己也得意于渐渐隆起的胸肌与粗壮的手臂，时时在老爸我面前曲臂炫耀，甚至说还要练习举哑铃。

其实早些时候和他打乒乓球我就已经要全神贯注了，否则不易胜他。较之我，他动作更标准，球更快更狠，只是经验缺乏，失误较多。较之他自己，以前输了几个球就非常沮丧，无心恋战，但今天我看他很累就说不打了吧，他一再说："接着打。"我暗暗感觉到他变了。

看看窗外的天，似乎不见阳光，我们便收拾好东西，去操场。依然是两人单挑，规则是防守时我背着手，不能抢断，进攻时我只能在三分线外投，不能突破。如是这般他经常胜我，有时回家就向他妈妈汇报辉煌战绩，得意非凡。今天比赛他又赢了我两分，结束时他走到我跟前，似是安慰似是不解地问："咦，我怎么最后还能赢得了你呢？"满脸得意藏也藏不住。

带的一大瓶水，经不住两个干渴的男人痛饮，早已不剩一滴了。当我们浑身是汗提着几个袋子往家走时，我说："怎么办？渴吗？"

他说："渴，不过我会忍着。"

我不说话。走到街上，我停住了，说："渴了，喝点什么凉的吧？"

他问："你忍不住了吗？"

我想，就冲这一句话我也不能忍住。找了家糖水店，我要了碗马蹄绿豆

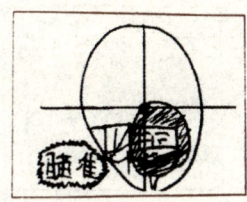

沙，给他点了奶香豆腐花。我的先上来，他的端上来时我早喝完了。他用勺底慢慢地抚匀豆花上的奶汁，然后轻轻一舀，将大半勺豆花缓缓送进嘴里，眼睛似闭非闭。

我把头伸到他耳边，幽幽地问："好吃吗？"

他扭头望我一眼，停了一会儿，小声道："你说，能不好吃吗？"

舒舒服服地出了糖水店，我便要到超市去买菜。由于提的东西太多，只好寄存在服务台。今天是超市改造升级后第一天营业。小家伙便拉着我一层层地坐电梯，一直跑到四楼。在四楼转了一圈，他说："是漂亮了！"然后又扯着我下到一楼。买了菜，去服务台取东西。他挤在我身后，说："给我提一袋。"我给了他两袋，他提着便走。

到了家，我做饭，他看书。我把蒸好的鸡蛋小心地取出，冲着外面道："鸡蛋上面不放蚝油了啊！"他在厅里说："好，洒些生抽吧。我反正没有哈鹏哥哥挑剔。"我便洒了些生抽在鸡蛋上。

生活琐屑如流水账，但平凡的故事也让人回味。"接着打""我会忍着""我怎么最后还能赢得了你呢""能不好吃吗""给我提一袋"……既有童真，也有调皮；既有坚强，也有体贴，让我觉得生活是如此美好！

担忧

早上，小家伙极不情愿地背着书包跟在我的后面。他嘴里不停地唠叨着暑假怎么这么快就过完了，好像还没过一天似的。我对他的愤恨置若罔闻，他也就止住话头。

下午放学时，他到了我的办公室，说要钱买本子。我问二十元钱够不够，他连说够了够了，又说要买"一课一练"。我问："中午不是给了你十块钱吗？"他说："我以为总共八块钱，谁知道一去看，语文八块，数学八

块，英语也是八块……"我又给了他钱，说："快去快回啊，我在图书馆前面等你。"他应声而去。

开学第一天琐事不少。好不容易脱身，便提着袋子下了楼。来到图书馆前，找个条凳坐下，头上是凤凰树叶与榕树叶编织的绿网。从袋里拿出《梭罗日记》，体会一下这个瓦尔登湖畔的隐者的简朴生活。

成群的学生从身边走过，偶尔也会经过一些同事。他们有的会说"在等儿子啊"，有的则问"你在干什么"，我则回答："我在等我的另一小半。"

觉得过了好久，我也不见另一小半的影子。我放下书，站起来，向前面眺望。一个个身穿校服的学生往来穿梭，就是不见那个敦实的身子。再等片刻，我有些焦急。不会出事吧？现在坏人这么多，路上车这么多，我怎么能让他一个人去买东西呢？要是有什么意外……我会不会一夜白头？我简直不敢往下想。一个孩子，谁的父母能承受这生命之重呢？

我把"梭罗"塞进塑料袋，想往校门走，又止住了，觉得应该相信他的能力。但是我还是迈出脚步，缓慢的步伐掩饰着不断升级的焦急。快走到门口时，才看见那个熟悉的影子慢慢走进来。

"买到了？"我问。

"嗯。"他说。

"你没到书城买吧？"我问他。

"嗯……我在学校旁边买的。我到了书城，看到人太多，一直排到门口，我就回来了，居然在学校门口发现有卖的……"他又兴致勃勃地讲起遇到同学的事。

我暗中长舒一口气，心终于平静下来。我俩并排走着，我问他开学第一天发生的新鲜事，老师换了没有，同学有走的吗？给没给同学唱中国男足的歌……他眉飞色舞地回答着我的问题。

快到小区门口时，我实在忍不住，说："刚才我等你等得很着急……"

他问："你急什么？"

我说："我担心。"

他又问："你担心什么？"

我只好说："你说，你说我第一担心什么？"

他笑着说："你呀，第一担心我被人拐走了。"

我吓了一跳，忙问："第二呢？"

他说："第二担心我出车祸了。"

我又吓了一跳，问："还有第三吗？"

他一副认真的样子说："你还担心我被迷药迷倒了。"

仿佛心里最深处的秘密竟然早已大白于天下，我竟有数不尽的失落与遗憾。倒是听他在说："怕什么？有迷药我一拳打倒他！"

我没有夸奖他的勇气，只是想：假如有下一次，我还是会有无尽的担心！

斜而不倒

下午放学，出了办公楼，发现下着雨。我忙撑开伞，回头对小家伙道："快把伞打开！"他刚从我办公室找到一把大伞，兴奋得不行，说："这下这伞可有用武之地了！"

我见那伞实在不小，便合上自己的伞，钻到他伞下。他把伞一歪，说："你有伞！"我拽住他，往身边一拉，说："有伞同享！"他拗不过我，便笑着服从了。

我搭着他的肩，他抱着我的腰，两人边走边说些故事和闲话。走到杧果树下，他忽然说："这像父子俩吗？"

我问："那像啥？"

我以为他会说像兄弟俩，却没想到他笑道："像我中了你的迷药似的。"

恐怖的言语之中带有浓浓爱意，让我心中泛起一阵不适的感动。

到超市门前，我说："你在这里等我，我买些菜。"

他说："我也要去！"

我对他说："你提着袋子呢，不方便！"

没想到他却说："你想抛弃我呀！我寄存在那里不就成了？"

为了不抛弃不放弃，我只好带上他。到了超市，却遇一人推荐一所英语培训班，我俩好不容易摆脱了她。进了小区，我说："去学英语吧！"

他说："不。我在深圳一年级学的就抵这里三年级了！"

我告诉他："你现在有点退步。"

他却说："不要紧。我是比萨斜塔，斜而不倒。"

我忍不住笑起来，说："那塔总有倒的一天。"

他说："我会赶紧加固的。"

到了家，快速做好了饭，坐在餐桌旁，我说："去倒可乐喝。"几天前他妈妈买了一大瓶，放在冰箱里凉着。

没想到他笑起来，说："你这是诚信测试。你一定是在考验我是不是像上次一样只给自己倒一杯。如果我今天又只倒一杯，那就会遇到诚信危机，证明我正处在叛逆期。"

我哈哈大笑。等他倒好了，便举起杯，说："来，干一杯。"

他问："碰杯？有什么喜事？"

"没什么喜事，不过这是我们两个第一次单独碰杯。"

他忙"哦"了一声，说："是是。"

两个杯子轻轻一碰，暗红色的液体轻荡不已。

今天他值日

昨晚睡前，小家伙再三叮嘱我："爸爸，明天早点喊我啊，我值日！"

我有些烦，道："知道了，你说了多少遍啦？"

"六点半就叫我。"他把被单往肚子上一扯，顺势躺在了席子上，眼睛还睁得大大地望着我。

"行了行了，好好睡，明早会早些叫你的！"

他冲我笑笑，两腿夸张地弹了弹，表示要正式睡觉了。

我临睡前，仔细看了看手机里的闹钟，生怕时间定错了。这年头，自己的事都是小事，儿子的事才是天大的事啊。

今天早上六点半把他叫起来，他快速地洗好穿好，就坐在餐桌边吃汉堡包。他仔细看了看桌上的表，发现时间还充足，便与我讲他们值日生专门开了一个会，说谁再值日迟到就开除谁，不让他再值日了。我心中暗想：不值日多轻松啊！但脸上丝毫不能露出成人般势利的表情。我说："嗯，我们是要早点儿！"小家伙在学校难得混个一官半职，这早上站在校门口检查仪容仪表的值日生算不算得上一种荣耀尚且不知，但看着小家伙这么专注地对待，觉得老爸的全力支持是理所应当的。也许对于他来说，对责任的尽心恪守就从今天开始。

他说："爸爸，我们分了两组，一组前门，一组后门。我在后门。"

我答应着："嗯。"

他继续说道："后门女人多，就两个男生，有五六个女人呢！"

我很反感他把小学女同学称为"女人"。我说："什么女人？女同学！"我又接着问一句，"你们站在一起吗？"

"不。"他摇摇头说。

我忍不住问："为什么？"

没想到他这样告诉我："别人会说我爱上她们了。"

晕倒，晕倒！

他吃完东西，喝完牛奶，把嘴抹了抹，忙去背书包并穿鞋。好不容易穿上鞋，他吃力地站起来，说："爸爸，再见。"

再见，再见，你这个小值日生！

替人受过

小家伙进了我的办公室，放下书包，就来到我对面，说："爸爸，我想换个同位。"

我问："为什么？"

他说："今天，她非要让我去参加奥数。我不想去，她说，你不去我就记你的名字了。她是我班记名字的。我只好答应了……"

我说："这是好事啊！"要知道，小家伙学习数学的兴趣不是很浓，平时也想让他多接触一点儿数学，一直没有好机会。今天，他的"野蛮"女生同位能用这个方法胁迫他就范，岂不是因了却我一桩心事而功德无量？

他说："好什么好……我不想去……明天考试，考上了就要去……"

我说："那你就试试吧。这么关心你的学习，这个同位不错嘛！"

"还说好！她总是拿着记名来要挟我！"小家伙委屈道。

"举个例子吧。"我说。

他娓娓道来："昨天，我不是发了不少杂志吗？她就非要借我的看。我不想给她看，她就说不给她看她就记名……我只好给她看……"

我差点笑出来。我说："男孩子要大方。你看，你有好几本，同学借看完全可以的呀。"

"她又没有给我看的……"他不满意地说。

原来他非要这种对等的交易。我又不免要费番口舌做工作。但他突然想

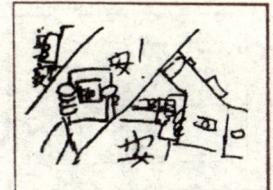 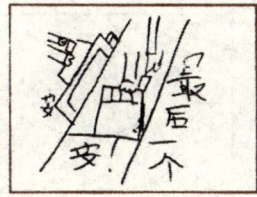 

起什么似的，说："她不公平！她总是记她仇人的名字，她朋友说话了，她也不记。"说时愤愤然。

我说："这是她的事，不是你的事。你首先要做好你的事，不要让她记。至于她记谁，则是她的选择。如果她偏心，那是老师要处理的事，与你无关呀。"

"这不公平！我一看到这些就生气！"他满脸的正义。

我拍拍他的肩膀，告诉他时间不早了，要回家了。走到路口正在等红灯，他突然道："看，又一个闯红灯的！"

我说："闯红灯，是他的事。我们做到不闯就够了。"

他仍绷着脸，道："我恨他们闯！"

我说："他闯红灯，是他错了还是你错了？"

"他错了。"

"他闯红灯了，现在是谁在难受？"

"我在难受。"

"你猜猜他难受吗？"

"肯定不。"

"是啊。你想想，别人犯错误了，开开心心的，而你却气得不行，这不就是你去承担别人的错误吗？这对你来说公平吗？你傻不傻呀？"

"那我该怎么办？"

"你以后还会遇到很多类似的事，像你同位不公平呀、闯红灯啊等等。我们不能改变别人，我们只能做好自己。做好你自己，就够了，明白吗？"

他虽然点点头，但我知道，让他一下子明白，能看淡那些他曾经深恶痛绝的东西，路还远着呢。不过第二天他笑着对我说："爸爸，我去考数学了。后面的题不好做，前面的我都做了，不知对不对……"

没问题，管它对不对。有什么问题我去找你数学老师就成了……

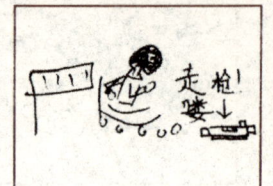 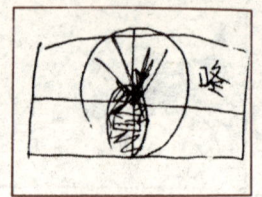

看着他说话

回到家，已是十点。虽说晚修九点半下课，但是清理东西、与学生说说话，时间便感觉过得飞快。

轻轻地打开门，见厅里依然亮着。他也真听话。我说，你睡觉时就把厅里的灯开着啊。我想，一个小孩子在家，那明亮的灯也许就是一个伴儿。

再推开他房间的门，他正躺在小木床上，右腿曲起，上面搭着被单。那肥肥的肚皮即使是平躺着也不见下沉，叫人隐隐有些担忧。他嘴巴不由得"吧嗒"一声，身子往外一侧，呼吸又深沉起来。

很多人都说："你这孩子真好带。"说真的，他在大部分时间里都好伺候。唯一操心的事情就是担心他吃太多，他饭量不错，爱吃青菜，自然也爱吃肉。上学时晚上九点半准时睡觉，从来不会因为想晚睡而磨嘴皮。金钱意识也不浓，平时颇有视金钱如无物的超然心态，只是突然想头什么了，才意识到爸爸妈妈还欠他几个星期的零花钱。前段时间把他每周八元的零花钱减为五元，他相当愤愤，不止一次质询减"薪"的理由。我说你天天看到的金融海啸正在影响我们，他便无奈地接受了这个残酷事实。他学习之外的事就是看看书、玩玩玩具、打乒乓球、打篮球。中午从不睡觉，我睡前便给他布置一页数学练习题和半页钢笔字，我醒后两项作业都会摊在桌子上，他则趴在地板上或玩或看书。周五、周六、周日三天每天可以玩五十分钟游戏，他总爱在周五、周六就将周日的游戏时间用完，周日也就心满意足地去做别的事情，再也不会恋着电脑。

遇到他烦人的时候，我就会说："不好玩，你来当爸爸，我当儿子。"他望着我，笑。我说："你做饭，我只管吃。"他忙说："不行！"我说："你拖地，我躺着。"他忙说："不行！"我说："你去挣钱，我花钱。"他忙说："更不行！"——不行就不行，我还当老爸，他还当儿子。

我上晚修时，他便在我办公室写作业，下课时我便回来看他，解决他

  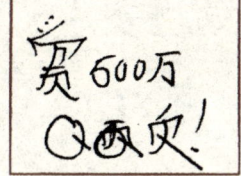

所遇到的一些难题。小学作业毕竟不是很多，他有时用一节课的时间便写完了，我就让他自己先回家，洗澡，整理明天的学习用品。如果不到九点半，就再看看书。他回家时总会给我打个电话，告诉我他到了，正在准备做些什么事。今晚也是如此。只是他打电话时我正在班里，没理他；他又打过来，我又没理他。他便不打了。

摸摸他的头，还微微有些汗意。我便慢慢地把他的窗子打开一条小缝，让丝丝凉风进来。

突然想到一件好笑的事。前天他黏着我，说："爸爸，我有一件事，你写到博客里去吧。"我说："不写。"他撒起娇来说："要写嘛，很好玩的！"我便问他如何好玩。他说："我不是想开空调吗，到厅里一看温度计，才26度。不行，我便点着打火机，对着温度计烤，一会儿便到了29度。我就对你说好热，29度了。你来看看温度计，就让我开空调了，嘿嘿！不过，半夜里我快冻死了，忙爬起来关上空调。"

嗯，是有些好玩，不过笑过之后，没有深刻的内涵，也没有升华，也没有深化，我想。我说："行，我写吧。"他才乐着松开我的手。

下了他的床，忽然他伸伸手，醒过来了。他见了我，说："爸爸，明天早点儿叫我啊。"我问为什么。想想，明天早上又不学奥数，又不用值日。他说："我的数学作业没有把握，我想明天早上起来检查一下。"

我有些激动。这可是我印象中他第一次如此积极地想到数学。他喜文，对数学有些害怕。我与妻子多次鼓励他，也曾因此而生过他的气。他近段时间在数学上花费的心血终于没有白废，做题的质量明显提高，对数学的信心明显增强。

我点点头。他又说："六点三十啊！记着，准时叫我！"

睡吧，小家伙。

六点三十，有些早。推迟十分钟吧，准时叫你。

也能自理了

　　有时看看自己曾写过的《家有小子》系列，忍不住笑起来。点滴小事，妙语如珠，若非及时记下，时间稍长再也回忆不起。所以，有时疏懒之后，便责怪自己，便有在口袋里时时装上笔纸的念头。只是念头总是未能付诸实践，还是有不少令人回味的瞬间再也不能重现，令我再一次自我责怪。今晚坐在电脑前，努力梳理他近来的一些趣事，记录下来，也使自责之心减弱。

　　小家伙昨晚实现了多日的愿望，又买了双运动鞋。估计夜里睡觉嘴里也含着笑。今天虽是周日，他也早早起来，穿上新鞋，在屋里走来走去。我后来问他走了多少圈，他说数不清了。走完了，大屁股便坐在地板上，吃力地把腿举起来，将鞋脱下，并排放好。下午出去玩时，自然穿上新鞋子，显得格外轻快。玩了一阵子，他坐在石凳上休息，便把右腿放在左膝上，偏着头看着鞋底，道："回家把这灰全部刷掉。"我在旁边暗笑，也不知道他这新鲜劲儿能保持几天。

　　小家伙有喜悦也有烦恼。喜悦容易满足，但烦恼却难以解除。昨日他突然忧心忡忡道："到时结不到婚怎么办？"他妈妈愕然，问为什么。他说："结婚都是男孩站在那里，让女孩子选的。选得上还好，选不上，不就结不成了吗？"他妈妈大笑，问："那，怎样才能被女孩子选上呢？"他说："要优秀才行。"他妈妈说："对，你就要优秀一些！"他点点头，不过烦恼又来了：怎样才能优秀呢？

　　上周五学校安排若干老师到东莞东华中学听课，早上七点就要出发。我临走时，他还未醒。我把他叫起来，告诉他这一天他该怎么做。早餐有昨天学生生日时送的蛋糕，中午，去楼下吃牛腩米丝，晚上先吃另一盒蛋糕，我回来后再弄些别的吃。"一定记着，钥匙放好，否则你进不了门，是最惨的！"他有些不耐烦似的连说知道知道。

　　就这么把他扔在家里一天。最令我着急的是，临走时匆忙，居然把手机丢在家里，不便与他联系！于是我就索性不去理他，看看他到底怎么过。

　　晚上七点多我回到家，没看到人，才突然想起来今晚他要练乒乓球，想必下楼打球去了。餐桌上那个小蛋糕只剩下白乎乎的奶油还凭空架着，里面的蛋糕早已掏空；茶几上一个快餐盒；书桌上是另加的数学练习和习字本。一切都没有收拾，而这没有收拾的一切却让我清楚地看到了他在家时的影子，让我感动而欣慰。

我想，先把桌子收拾好，再去乒乓球室看看他。

看看有没有机会抱抱他。

出汗也舒服

下午，我正在训斥一个学生，门被轻轻地推开了。小家伙的脸从门缝里露出来。他看到我正在从事着"儿童不宜"的事业，便马上退回去，到了对面办公室。

教育完学生，推开办公室门，他正趴在我桌上写作业。我把手放在他额头上，往上搬了搬，提醒他写字时注意距离。他抬头冲我笑笑，有些讨好似的说："晚上在哪里吃呀？"

周二晚上值班，想回家做饭但时间太紧，于是我们总是在外面随便吃些。我说："还有多少作业？"

他说："快写完了。"

我说："嗯，把书包收拾一下，我们下去吧。"

他正待欢呼去吃饭时，我说："先去跑南湖，再吃饭。"

他顿时满脸的不悦，说："什么时候开始这样执行的……"

我说："看看你昨天弯一下腰就累成什么样子。"

昨晚他一时好奇，把墨汁弄翻，弄了一桌子。他当时不敢告诉我，只是自己不停地擦，用毛巾，用纸巾。当他觉得擦得比较干净时，才把我拉进去，悄悄地说："爸爸，跟你说个秘密，你听了不要生气啊……"我看到地板上仍有不少墨迹，便说："没事了，把地板擦干净吧。"他便撕些纸巾，撅着屁股跪在地上，擦一点儿便往前挪一点儿，仿佛自己成了一个大拖把。看他如此虔诚，我不由得感慨：劳动的积极性与犯错误的严重性是紧密相联的。

他把黑点全部擦尽，艰难得有些夸张似的挺起腰，说："爸爸，我终于理解你们不容易了，原来劳动这么辛苦啊。我随便弯下腰，就累得不得了。"

我笑起来。来得这么容易的理解一定不具有深刻性，不过我还是拍拍他的肩膀，表示他长大了，然后告诉他其实劳动不辛苦，只是他的锻炼太少，顺便把他拉到四楼空中花园去跳七百下绳。

其实他爱打篮球，每周三次乒乓球训练，附加一些体能训练，总是累得气喘吁吁。但他食欲太好，运动的消耗敌不过营养的积累，于是日渐丰满也是情理之中的。他妈妈总是担心他身材发展得不可控制，总是提醒他要做更多的运动，提醒我要监督他。也就是在前天晚上吧，他躺在床上，我按住他的脚，让他做仰卧起坐。他问："多少个？"我说："四十。"他说："以前都三十五啊！"我说："今天涨了。"他不服气地说："现在经济不景气，什么都跌了，为什么你还要涨呢？"我忍住笑，说："正因为什么都跌了，这才要涨。总要给人一点儿希望啊！"他撇撇嘴，嘀咕着"这希望"，便开始做起来。

今天跑南湖，也算是一个新运动的开始。南湖一圈一千二百余米，栈桥上，人行道，绿树成荫，湖水似玉，加上晚秋的清风与渐落的夕阳，组成一幅人间美景。一大一小，两肩并着，同摆着手，慢慢地跑着，不停地说笑着，也成了美丽南湖的点缀。

十多分钟后，便回到起点。我问他："累吗？"他喘息未定，但仍说："不累。终于可以吃榨菜肉丝饭了。"

晕，还是吃……

生病了

昨天早上，小家伙说："爸爸，我有点晕。"我摸摸他的头，果然有些发热。我忙在抽屉里东翻西翻，只翻出一瓶"感冒通"。一看，有治发热的功效，便让他吃了一粒。

上学路上，他还连蹦带跳，丝毫不显病态。中午回来时，精神还好，于是又吃了一粒。只是根据以前的经验，我隐约感觉这般小动作根本解决不了问题。果然，下午放学，他一进我办公室就说不舒服。我又试试他的头，烫得厉害。我说要去看看了，便让他赶紧先写点儿作业。他应了一声，就走到我对面办公桌上，将文具盒和书取出，然后说："爸爸，我休息一下，我有些困。"我点点头。他便把身子往后一仰，靠在软软的靠背上。

我在这边改着作文。抬头看时，见他眼睛闭着，嘴巴微张，呼吸匀称，居然睡着了！这么一个平日里总是爱说、爱笑、爱玩、不知疲倦的胖小子，现在竟然一动不动、一声不吭、老老实实地睡在靠椅上，让人心中的怜意油然而生！我担心他冷，想叫醒他，但又想让他多睡一会儿。我走过去，想给他肚子上搭件什么东西，但这办公室里除了一条擦手毛巾，什么可盖的东西都没有。我又思量，他身上的三件衣服也许不会让他冷着。于是我又退回自己的座位，仔细地看看他的胖脸，继续改着作文。

估计有二十多分钟，他身子动了两下，然后睁开眼睛，摇了下头，说："我睡着了？"我点点头。他身子一使劲，把椅子往前拖了几下，说："我要写作业了。"我看天已全黑，便让他收拾好东西，下去吃饭。他慢慢地收拾着，问："先吃啊还是先打针？"然后又担心起作业来。

下楼时，他要从我手中拿走沉重的书包。我说："我来提。"他说："这不好吧？是我的书包。"我没理他。他也不再坚持，跟在我的后面。看得出，他两腿轻飘飘的。

吃点饭，去了那家熟悉的诊所。医生一量，三十九度七，自然是输液。他说："爸爸，扎针的时候你捂住我的眼睛啊！"我说行。当年一听打针就哭的他现在坚强许多。

三大瓶水，两个多小时。他看着电视，我看着书，两人时不时聊几句，并不寂寞。打完针，已经是九点多了。走在路上，他让我摸摸他的头，问温度是不是降下来了。当听我说"是"时，他非常开心。他说："回到家我就写作业，写到十一点也要写完。"我说不成，回去就要睡觉。他着急地问：

"那作业怎么办？我明天怎么交？"我说我会给老师发信息的。他勉强地"哦"了一声。

到了家，他还是想写作业，只是又觉得非常困，想睡觉。他催促我给他老师发信息，然后说："爸爸，我今天不洗澡了啊。"我陪他走到床边，他说："就怪被子半夜里掉到地板上。爸爸，你用绳子把被子捆在我身上吧。"我笑笑。这怎么能捆得住呢？我将被子披好，说声"晚安"，他也说声"晚安"，并说"关上门"。我轻轻地关紧他的门，却把自己的心留在他屋里。

今天早上起来，发现他精神好多了，还是担心作业交不了怎么办。我说我已经告诉班主任了，不怕。他虽点点头，但我知道他心里还是不踏实。中午放学见了我，他说："我一到班上，袁老师就说：'清尘你病了啊？作业抽时间补起来。'于是我就在下课时间写作业，到最后一节课放学时，终于写完了！"看他如释重负般兴奋的样子，我也替他开心。这孩子，胆子不大，不交作业这般事对他来说是非常重大的过错。我想，这未免不是一件好事。

中午又挂了三瓶水，下午，他已经不再发烧了，晚上，他已经彻底恢复了。我这才把他生病的事告诉百余里路外的妻子。我告诉妻子，他全好了，一点儿也不用担心了。

我和妻子商量，周末请他吃肯德基。

他一人在家

现在是在深圳，在小家伙妈妈的办公桌前写这篇文字。想想小家伙一个人还在近百公里外的惠州，心里有些不舍。

打电话回去，没有人接。他现在在做什么事呢？根据安排，下午五点多放学后，他要去吃蒸米丝。那家饭店的多种味道我们都已经尝过，个别品种还吃过不下两三次。昨天带他去尝的是最便宜的蒸米丝。那米丝蒸后，淋些生抽，撒些葱花与肉末，居然把他迷得神魂颠倒，出来时舌头夸张地舔着嘴唇不说，还不住地说："还想吃，还想吃，但当时不好意思说。"我说：

“晚餐要吃少。”于是他带着无限憧憬之情说：“下次来还吃米丝！我要吃它一千碗一万碗！”

这样的话我听多了。他每吃一样可口的东西后都会做出这样的许诺，我总笑他境界不高，这样的小玩意就能把自己迷惑得晕头转向。这不，当我临走要他晚上去楼下吃时，他马上说：“不，蒸米丝！”

楼下的米丝十五元一份，而蒸米丝，三元。一顿饭能替老爸省十二元钱，也让老爸那肉长的心有些感动。于是我给他五元线。

这时，他应该吃完了走在回家的路上吧？

到了家，他就可以打开电脑玩玩游戏。他周五、周六、周日三日共有一百五十分钟的游戏时间，玩时自己看着时间。自然也有玩忘记的时候，不过略一提醒，就会马上退出，还会满脸的不好意思。游戏之后，七点半就该练乒乓球了。九点多练完，估计不会写作业，而是看看书，投投小篮球，或玩玩小兵，然后洗澡，在床上做三四十个仰卧起坐，然后就睡觉。

今天晚上，这一切都要在无人看管的情况下完成。其实我和他妈妈都知道，他能做得好。

我们一直在强调他要养成良好的习惯，并能自律。他要锻炼身体，打乒乓球、跳绳、做仰卧起坐、慢跑，一直要他坚持；他要有良好的学习习惯，不懂就问，按时按质完成作业，即使生病也不拖欠作业；他要有良好的行为习惯，讲卫生，不乱扔垃圾；他要遵守作息时间，晚上一般九点半准时上床；他要自律，在没有看管的情况下，仍能做好自己的事。

孩子依然有很多不足，但这些都是成长过程中不可避免，并且是有可能慢慢克服的。我和他妈妈都盼望他能发展得更好。

我又打个电话回去，仍没人接。我有些担心他忘记带钥匙了。一会儿却来了一个应该是我所住小区的电话。果然是他打来的。他说，米丝卖完了，而他的五元钱又不够吃其他的。恰好小区内的一个小朋友生日，便去吃生日蛋糕了。

节外生枝，并能解决新出现的问题。这对他来说，也是一次锻炼。

一会儿爸爸妈妈就回去了，小家伙。

四件事

之一

一日，带着小家伙上马路骑自行车。遇一路口，我在红灯尚未结束前就骑出去了。小家伙在后面喊着："红灯，红灯！"我有些不好意思地笑道："看，绿灯了！"他不依道："刚才明明是红灯！你让我也跟着违反交通规则，害得我白看这么多《今日说法》！"我在前面暗暗下决心：以后一定要用实际行动告诉他，他每天的《今日说法》没有白看。

之二

下午我俩绕南湖跑。他老是嫌背后的书包一颠一颠的。我说："负重跑正是练习轻功的好方法。"于是我又嫌他脚步太重。我说："你看前面那两个人的脚步多轻，多有弹性。"他说："那是因为他们的鞋好。"我说："这与鞋有什么关系呢？"他说："看看，你生气了吧？你一生气，我与你说话就有压力，我哪能说出自己的想法呢？"我在旁边暗暗下决心：以后一定不要大声冲他说话，即使是生气也不让他看出来。

之三

小家伙妈妈问他："你是想让我继续在深圳呢，还是想让我回惠州？"他说："如果从感情上说呢，我当然想让你回来；如果从钱的角度来说呢，我还是想让你在深圳。我们还要还房贷嘛。"我在旁边对他的"如果……如果……"表示诧异，忙问："你怎么知道这么多？"他马上接道："不出户，知天下；不窥牖，见天道。"我问："牖是什么意思？"他说："窗子啊。"我在旁边暗暗下决心：《老子》还是要多看一些，不然，跟不上他了。

之四

一家三口去超市，他自然在玩具区流连不已。再看到我们时，那眼神已经很不正常。我们知道，他又是看上什么了。果然，回到家他说想预支圣诞礼物。我们问是什么，他说是一桶小兵，里面还有坦克、机枪之类的，并说家里的那一套很多都找不到了。我们不想让他养成轻易就能预支的习惯，便说："离圣诞节还有两个星期呢！"他马上拿去年他生日因某事而可以推迟几日说事。两个大人与他理论半天，但他依然极不情愿。我说："现在可以给你买，但到了圣诞那一天，你没礼物，又会难受了！"他听完这话，竟一言不发，急匆匆走进自己的房间。我冲他妈妈笑道："又去写字据了。"果然，一会儿他出来，把一张纸条往他妈妈手里一塞，一言不发地站在旁边。我们一看，强忍着笑。上面竟然写着："12月26日对我来说是最普通的一天！"这般表述，出人意料。不过我们还是劝他克制住自己的欲望，把希望留到两周后。他万般无奈，只好去房里睡觉。我和他妈妈相视一会儿，觉得他也好可怜。我们便又走到他床边，说："这样吧，明天早上给你钱你自己去买。"谁知他竟然说："不，我不要了。"我们忙问为什么。他平静地说："总不能我一哭一闹你们就给我买玩具啊。"我们待了一会儿。他妈妈说："你是不是心里还想要，只是不好意思说要？"他点点头。第二天早上，我们满足了他的预支请求。

他也会对不起我

周五（12月19日）中午，我就要开始注意屋里是否整洁了。我对小家伙说："把沙发上你的书本收一收，妈妈回来看到乱七八糟的多不好。"他应了一声，便忙着去收拾。

下午再看沙发，明显的混乱是没有了，但有几张小纸片还压在小靠背下。我知道，想让他收拾得利利索索、整洁干净，似乎还不是时候。不过，我抽出那张纸时，发现是一张语文试卷。87分？分不高啊！怎么没让我签字？再看看作文，题目竟然是《爸爸，我对不起您》。对不起我？你什么时候说过对不起我？还"您"呢！肉麻！

我忍不住往下瞅：

　　我的妈妈在深圳上班，星期一至星期五都是爸爸带我，而我有时候还不帮爸爸分担家务。

　　有一次中午放学回家，打开门就闻到香喷喷的菜香。我拿起筷子，吃了起来。不到二十分钟，我就吃完了，留了一桌子空碗。

　　爸爸十分劳累地把饭碗收了过去，又去拿抹布把桌子擦干净。

　　当时我没有体会到爸爸的劳累，还是在房间里玩。

　　然后，爸爸又拿起扫把，把地扫了一遍。从他那疲惫的眼神里，我知道他可能在想：儿子什么时候才能帮我干家务活呢？

　　他扫完了地，去床上睡觉了。那时，我想，原来爸爸每天要做那么多事啊！我却没有帮您分担家务。

　　爸爸，我对不起您！

　　这篇作文老师仅扣了一分，我想，让老师感动的一定不是小家伙的文笔，而是他爸爸勤劳的精神。想想自己干活时小家伙居然会想到对不起我，我的心里也有些满足。

　　我又要拖地了。而他，却坐在沙发上，身子前倾着，专注地盯着电视。我说："爸爸，我对不起您。"

　　他略一回头，却似乎没什么感觉，又去看电视。

　　我索性拿起作文念起来："然后，爸爸又拿起扫把，把地扫了一遍。从他那疲惫的眼神里……"

　　他"嗖"地蹿起来，大叫："我的作文！我的作文！你怎么偷看我的作文？"

　　我把试卷往沙发上一扔，说："偷看？你放在沙发上，我随手拿起来了，能叫偷看？"

　　他叫着："不行不行！以后我的东西，你不能偷看了，我要有个人隐私！"

　　——这就是我写这篇文字的真正原因：这是他第一次宣称我不能偷看他

的东西。而这一天，离他十岁还差不到一个月。

我笑道："你赞美我，还说你对不起我，我也不能看？"

他却说："那都是我编的……写作文时，我也不知道有啥事对不起你，就编了这个故事。"

——不仅抗议我看，而且这个我认为非常真实的故事在他心中居然是编的！我的自信心大受打击。

想想有时他表现出来的个性，让人啼笑皆非。有一次他把门一关，说："我要写作业了，除了火灾、地震、吃饭，不要打扰我！"大有大师闭关时的风采，让人肃然起敬。可是不久便听到他在里面拍小皮球的声音。

孩子慢慢大了，别的家长遇到的难题，想来我与他妈妈都会遇到。只是处理方式或许不同罢了。愿孩子走得端正！

贺卡

小家伙推开我的办公室门，把书包往木沙发上一放，扬扬手中的一张黄色卡片，笑着说："贺卡！"

"谁给的？"我接过来，打开外面的包装纸，抽出来一看，果然是张贺卡。还有几行字，大意是"圣诞快乐"之类的。

我问："咦，怎么没有名字啊？是给你的吗？"

小家伙羞赧地笑笑，说："唉，我哪有这个福分呢？你看看，这样的图形，肯定是个女孩子送的啦……不是送给我的，是我同位的。她下午上学一来，发现抽屉里有这张贺卡，她也不知道是谁送的。我说我看看，可是我后来竟然忘记还给她了。"

我哈哈大笑。圣诞之时，拿了个别人应得的礼物，举在手中，还挺得意的。穷开心什么？

　　他在我对面写了一会儿作业，我们便下楼跑南湖。这么坚持了两三个星期，他跑步的姿势已经比较规范了。两个人小跑着，踏着栈桥上片片淡紫色的紫荆花，呼吸着刚从北方吹来的寒冷而又清新的空气，觉得神清气爽。

　　"爸爸，你们学校对手机管得严吗？"小家伙突然问。我也看到了，有个学生玩着手机刚从身边走过。

　　"不是很严吧……"我的回答有些模糊。

　　"'不是很严'是怎么严？"他追问道。

　　我只好说："比方说，有时放在口袋里，只要上课别打电话别发信息，我们也没法管。"

　　他"嗯"了一声，说："放在口袋里又不能搜身……不过，我班有个同学就把手机拿到教室，有时上课时接电话……"

　　"老师不管吗？"我忙问。

　　"她会装着去捡东西，于是把腰弯得这么低这么低……"他做个侧身下弯的姿势，"然后小声地说话，老师也不知道……"

　　我不由得叹道："唉，这怎么行呢？"

　　他有些得意地说："有节综合实践课，说到手机，老师点我上讲台说说手机的坏处。我就说手机会影响学习，比方说我班的谢××上课用手机说话，就影响了我听老师讲课。"

　　我倒吸一口凉气，忙说："你这不是告状吗？"

　　他说："是啊，这就是打小报告。"

　　"那个谢××会生你的气吗？"这样在公开场合揭人不足而无端结冤，真令我担心！

　　我说："她当然生气啦。下课了，五六个人来打我，都是女孩子。她们合在一起，力量还相当可观。我这么挡，这么挡，然后就跑了，她们也不追。"

　　力量还相当可观呢！还"这么挡这么挡"呢！我的心不由得沉重起来。看来要让他与同学和谐相处，还需要我与他妈妈多动些脑筋。

诚实，也有代价

晚修回家，已近十点。见他房间的灯还亮着，心里一疼。

平日里这时他已经睡了，至少也是洗好后看书等我。临近期末，他写作业的时间明显延长。我知道他左手写字速度有限，但如果一个晚上数学一张试卷，语文一张试卷、两课练习、两篇读书笔记、一篇作文，偶尔还有英语作业，书写速度再快也要几个小时啊。

听到开门声，他头也不回道："爸爸，我快写完了。"我"嗯"了一声，说："快写吧，写完了就洗澡。"

他翻看着《绿野仙踪》，看一会儿写几句。我知道，概括情节摘录好词好句之后就写一些评价，这是他读书笔记的惯常手法。我轻轻地抚摸一下他的头，算是对他的鼓励与支持。

下午我们跑南湖的时候，他边跑边要让我讲故事，说这样可以转移大腿的辛苦。我说跑步要专心致志。他说讲故事也可以专心致志。我不理他，他便说："你不讲，我给你讲。"他便边喘着气边给我讲近日从同学一本书中看来的故事。

他说，每年5月2日是美国的诚实节，这个节日是与一个叫埃默纽·旦南的孩子有关的。大意是旦南五岁时父母双亡，被一个名叫诺顿的年老无子的酒店老板收养。他非常懂事，对养父母也非常尊重。但当他8岁的时候，他渐渐发现养父母不是正派人，而是总挖空心思地算计怎样坑害顾客。旦南很不满意，经常劝阻。于是引得养父母的不满。一次，旦南发现养父与一个小贩争执，后来竟失手杀死了小贩。养父把他拉出来，要让旦南告诉警察是小贩行凶，而自己仅是自卫才杀死了他。旦南跪在地上，说看到是养父杀的人，并希望养父去自首。养父非常生气，拳脚相加，逼迫旦南做伪证。但旦南一直不肯撒谎，结果被养父母活活打死。最后养父母受到应有的惩罚，而旦南则因为诚实而受到后人的纪念。

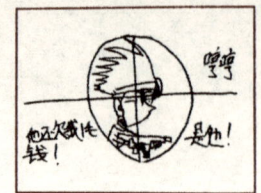

小家伙用了几百米的距离讲完了故事，其间我几次想打断他的讲述，因为我知道边跑边说话不是个好习惯，但又不忍心中止他锻炼口才的好机会。等到他问我好不好听时，我才说好听。

我想，旦南的精神的确感人，但是对这个小家伙，要不要鼓励他也做"宁死不屈"的英雄呢？于是我问："假如你是旦南，你将怎么做啊？"

"我会拔出手枪，一枪把养父打死。"唉，平时玩暴力游戏的人的回答就是这个水准！

"瞎说，哪来的手枪啊！"我阻止了他。

小家伙笑了一笑，态度似乎端正了一些。他想了想，说了一句让我难以忘怀的话："我就让养父母随便打哟，打死算了，反正作业这么多！"

我的心一凛！忽然又想起他有一天仰望小区旁边的高楼说："从上面飘下来多好啊，可以不用做作业了。"

许多类似的话近似玩笑，他说过之后也都忘记了，却在我心中深深扎下了根。写到此处，接到妻子从深圳发来的信息，说她们学校小学部今天下午搞活动，质量很高，学生很可爱很快乐。

活动，快乐。似乎成了小家伙的梦想。

学习宽容

"走，带着篮球，去学校。"我对小家伙说。刚接到校长通知，说有事要议。

两人骑着自行车到了学校，我让他自己去打球，说我一会儿会来找他。我匆匆到了五楼办公室，却听说还需要等一会儿。于是打开电脑，看看新闻。

在三楼会议室，几个人商讨某个方案。大家各抒己见，持续一两个小时。看看窗外天色已渐阴沉，心里不由得想到他。正在此时，手机震动了，

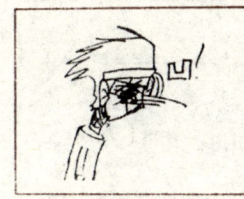

是他在我办公室打来的。他说下雨了，他见我还不去，就过来找我。见我办公室的灯开着，就直接去办公室了。我叫他在上面看书，也松了一口气。

回家时，叫他在小区门前看着自行车和篮球，我去超市买点菜。家里有青菜，于是买个手撕鸡。服务员说现在只能切不能撕，因为太烫了。我说行，只是不要加葱。

出了超市没走十步，就见他正焦急地往这边看。他见了我，道："怎么这么慢？"心中似乎有好大的怨气。

我解释说："我们本来想买的没买到，只好买了手撕鸡。"

他依然抱怨说："那也不会那么晚啊！"

我说："手撕鸡太烫，服务员不方便，就用刀切的。"

他不乐意地说："刀切？那还叫什么手撕鸡啊？干脆叫刀切鸡算了！"

我回头瞅了他一眼，说："太烫了。"

他不依不饶："太烫也要叫她手撕！明明写的是手撕鸡嘛！"

我说："不理你了！"

"为什么？"他的声音还是很大。

"你没有同情心！"我的语言很干脆。

他怔了一下，说："我在发表我的观点。"

"你自然可以发表你的观点。但你首先要有同情心，有爱心！你想让服务员烫坏吗？"我居然给他讲起这样的大道理来。

他不说话了，推着自行车默默地跟在我屁股后面。

刷了门卡，我一手推车，一手推着大堂里的大铁门。他抬起脚使劲儿一蹬，门缓慢地转开了。他说："这算不算爱心？"

我说："你打完球是不是来找我？"

他说是。

我说："我在三楼开会，我担心你找不到我，于是开会前我把办公室的灯打开，就是让你知道我在办公室。你上了五楼，看到窗帘拉开了一半吧？（他点点头）那是让你可以看到办公室里的东西。你一定看到电脑没关吧？

那是让你知道我没走多远。你一拧门锁，没反锁吧？那是让你进去，在里面等我！你想问爱心是什么？爱心就是多替别人着想。"

　　小家伙望着我，笑笑。这笑也许是对刚才因等待而发的臭脾气的歉意。我并不指望刚才一通话就让他长大，说实话，这件事、这些话转眼间也许就在他心中了无痕迹。因为有好多次他看我写的《家有小子》时，都笑道："我还有这么多事？我都忘记了！"父母的任务也许就是要不停地跟他的遗忘做斗争，让一些善良慢慢地浸入他心中。

中老年人

之一

　　上学路上，小家伙问我："爸爸，你是什么时候开始接触电脑的？"我说："三十岁吧。"他说："啊？我三岁就开始在键盘上按ABC了吧？"我点点头。他又问："你那时玩什么游戏？"我说："不玩什么游戏，我一直不怎么玩游戏。"他很郑重地叹了一口气，说："唉，现在不玩游戏的人可是要闹出笑话的。"我想笑，谁知他看看路上诸多背着书包的人，又叹了一口气，说："唉，现在想上学的人也是要闹出笑话的！"——晕，临近考试，这几天繁多的作业让他充分感受到了人生的沉重。

之二

　　小家伙正在脱衣，准备洗澡。他妈妈说："快一点啊，小心着凉了。"他"嗯"了一声。我问："大毛巾拿了没有？没拿一会儿又要乱叫。"他说："拿了。"他妈妈说："要把水阀往下压一下，水热得快一些。"他说："知道了。"我说："要先洗头！哪有像你昨天把身子洗干净了再去洗头的？"卫生间里传来他不耐烦的声音："你们两个中老年人说完了没有？"——我和他妈妈怔了一下，然后一笑，于是闭上了两张中老年人的嘴巴。

之三

餐桌边，我与他边吃边闲话。他问："姑姑是教授吗？"我说是。他又问："姑父呢？"我说："也是吧。"他反驳道："不对，他是科学院的，不是教授。"我只好说："嗯，是研究员，跟教授一样的。"他紧追不放地问："他到底做什么工作？"我只好说："我也不太清楚，反正总是在空中飞来飞去，还常常去俄罗斯。"渴望能坐一次飞机的儿子充满向往，幽幽地说："唉，你就成不了科学家！"我有受到打击的感觉，立即道："我是教科学家的。"小家伙"哦"了一声，说："对……你也不错嘛……不对，科学家都是物理啊化学啊生物啊，哪有语文科学家的？"我大有最后一片遮羞布也被扯下的尴尬，于是争辩道："科学家也要学语文啊。"小家伙不置可否地"嗯"了一声，不再与我争执。他那种不屑的神情让我恨不得踢他两脚。

为老师做事呢

好不容易写完作业，已经十点多了。小家伙洗完澡，边穿睡衣边问："做几个？"

我想也不想就说："四十五。"

"昨天还是四十呢。"他表示抗议。

"油价现在都上涨了。"我说出了自己的理由。

他笑笑，往床上一躺，说："四十五就四十五。"

我右手五指分开，轻轻地压住他的小腿。他腹部一用力，上身就坐起来，嘴里叫到："一个。"我明显感觉到他腿上一股力量往上抬。

仰卧起坐与俯卧撑是他睡前必修的功课。其实就是想让他有一个结实的身体与运动的习惯，只是怕这些大道理不易入他的耳，便借口要消掉他日渐隆起的肚子里的脂肪。于是每次做完时，他总要我摸摸他的肚子，看看是不是瘦了一些。而我则会根据他当时的心情，或说瘦了，或说又肥了，鼓励他

袋上 墨镜,取下以套
穿上西"夹克!

怎么样

要坚持下去。

　　"爸爸，你来数。"做了十几个后，他说。

　　我点点头。

　　他边做边说："今天，我给老师办了一件事，办得很出色。"

　　我答应着："嗯。"

　　他又说："这是我上学以后老师让我做的第一件事……"

　　我说："嗯。说。"

　　他说着："放学时，老师在教室里，发现一个同学的试卷没带回家，就让我到五楼去找他。说找着了就找，找不着就自己回家。我下了楼，在学校大门口看到了那个同学，就让他上去了……"

　　"嗯。继续说。"我边数边说。

　　"做了多少个啊？"他忽然问。

　　"三十二个。"我回答。

　　他便接着道："三十三。"

　　"继续讲啊。"我说。

　　"讲什么？"他有点莫名其妙。

　　"老师让你办的事啊！"我提醒他说。

　　"讲完了。我让他上去了，我就回家了。"

　　我竟然怔住了！不再问他，而是马上在头脑中把这件事的前因后果理了一遍，这一过程不用半秒钟，因为实在没有什么可理的。

　　放学时老师发现一个学生的试卷没拿走，便让还在班里没走的小家伙去叫一叫那位同学。叫小家伙去做这事绝对是很偶然的，老师一定是发现谁还在班里就让谁去做。所以，小家伙被选中，并没有情感的偏重。这件事的结果也不重要，因为实在遇不到那孩子，下午也完全可以给他。所以，老师布置任务之后也不会有很强烈的期待。

　　但是，这不带情感的挑选与不需要期待的结果在小家伙心目中又是一番什么景象呢？"我给老师办了一件事，办得很出色""这是我上学以后老师

让我做的第一件事"，这些言语足见小家伙对老师有事让他做而他又做了的兴奋、得意与满足，虽说这件事其实根本就不是一件什么事。

我不禁深思起来。老师可能丝毫没有挂在心上的事却在学生心中产生如此成功的感觉，说明了什么？为师者是不是应该创造更多的机会让更多的学生有成功的愉悦？是不是应该将自己或已麻木的心再度激活，去关注、体验、感受每一个学生的喜怒哀乐？

看着还在一躺一起的小家伙，我心里突然有些酸。

饭票丢了

走到学校门口，小家伙如往常一样，说："再见。"

"嗯。"我也如往常一样应了一声，却又忙叫住他，"我最后一节有课，中午你打饭吧？"

他站在那里，露出不太情愿的表情，但还是说了声："嗯。"

我拿了两张饭票给他，他接过去，用力地捏了捏，放进校服口袋里。 下课铃响后，我匆匆下了楼。根据每周此时的经验，他应该坐在学校食堂旁边那棵大树下的石凳上，石凳上应该摆着两盒快餐。

拐弯，上坡，再走十余步，果然看到那身显眼的白色校服。

他见到我，忙站起来，往前走了几步，显得有些忸怩而后又回过身，从石凳上捧起一盒饭，吃吃地笑。

我问："怎么只打了一份啊？"

"我把饭票弄丢了一张……也不知道丢到哪里了……我想回去再拿一张，又没有钥匙……"他有些胆怯，小心地看着我，满是不好意思。

小家伙看起来壮实，但内心很是胆小而敏感。我看到他的紧张，很是心疼。我接过饭，说："没事，走吧。"他便笑着凑到我身边，边走边诉说他如何担心饭票丢了，便总是用手不停地搓拿着，最后却发现果然丢了一张。

我说："东西丢了，不要放在心上。"

他"哦"了一声。

我开导他："看看，你也捡到过一块两块钱吧？

"嗯，我捡过一块钱，也捡过十块钱，被我消费掉了。"他有些开心。

我说："是啊，你捡到东西，如果有失主就还给失主；如果没有失主，不也自己用了吗？有捡有丢，这才正常，只是要记着捡时不要太得意，丢时不要太伤心就是了。"

他点点头。

我又说："不过，丢了饭票，其实也可以补救的。比方说今天你完全可以先打两份饭，对服务员说等你爸爸来了再付钱的。"

"那样……行吗？"小家伙还是有些担忧。

"都是学校的人，当然行啊。所以，事情发生后，一要坦然面对，二要想办法补救，知道了吗？"老师就是老师，教了学生教儿子，但是自己却一无是处。

小家伙又"哦"了一声，这一声"哦"也不够阳刚。我知道，想让他内心的胆怯完全消失还有许多路要走，而父母则要给他创造更多锻炼的机会。

我们往超市走，因为只有一盒饭。走着走着，他用手抵抵我，说："前面那个是我的同学。"

我一看，一个扎着马尾辫、与他穿着相同校服的女孩在前面走着。

"我们看看她往哪里走，我还不知道她住在哪里呢。"小家伙悄悄地说。

"你去问她啊。"我说。

"不行，我不跟她说话。"小家伙回答得很坚决。

"为什么？"我问他。

"我跟天下的女人都是冤家。"他竟然这样回答我。

我大笑。我还从未见过敢把天下女人都当成冤家的男孩，即便是男人！

我问："妈妈呢？"

"妈妈除外。"他赶紧说。

我又问："芳姨呢？"

他说："芳姨也除外。"

我故意逗他："梦涵呢？"

他说："梦涵是个女孩，不是女人。"

我笑着望着他。他看出那笑里的怀疑，赶忙去把他天下冤家的范围加以限制。我则不时地给他挑毛病。

丢饭票后的紧张早已消尽，师生父子早已变成亲密朋友。

所谓"清尘"

小子名清尘。查《汉典》，"清尘"有如下意：

1．拂除尘埃。汉班固《东都赋》："雨师泛洒，风伯清尘。"

2．车后扬起的尘埃。亦用作对尊贵者的敬称。清，敬词。《汉书 司马相如传》："犯属车之清尘。"颜师古注："尘，谓行而起尘也。言清者，尊贵之意也。"三国魏繁钦《定情诗》："我出东门游，邂逅承清尘。"唐陈陶《寄兵部任畹郎中》诗："常思剑浦越清尘，蔻花红十二春。"王运《丁文诚诔》："侍清尘於华阳，忝邦政之必闻。"

3．清轻的尘埃。晋左思《魏都赋》："增构峨峨，清尘。"唐杜甫《八哀诗 赠太子太师汝阳郡王》："忽思格猛兽，苑囿腾清尘。"清曹寅《五月十一日夜集西堂限韵》之四："清尘隐高树，万瓦光鳞鳞。"

4．比喻清静无为的境界，清高的遗风，高尚的品质。楚辞《远游》："闻赤松之清尘兮，愿承风乎遗则。"姜亮夫校注："清尘，《章句》训徽美。寅按即指上之虚静、恬愉、无为自得之境界也。"南朝宋谢灵运《述祖德诗》之二："苍苍历千载，遥遥播清尘。"《梁书 任传》："想惠庄之清尘，庶羊左之徽烈。"《北齐书 文苑传 颜之推》："尧舜不能荣其素朴，桀纣无以污其清尘。"唐杜牧《西江怀古》诗："范蠡清尘何寂寞，好风唯属往来商。"

总记得在何处看的"清尘"还有一种骏马之意，但现在却无法查到，有些遗憾。

危难时刻显情义

寒假时，终于回了老家一趟。母亲笑着说："你十四年没有回来过年了。"我听了心里酸酸的。

小家伙从城市到了乡下，自然觉得一切都新奇。锄头、斧头、镰刀、钉耙、池塘、水井、田埂、稻草、竹林等等，这里有太多他平时极少接触到的东西，而这些东西总能让他兴奋，让他不时东跑西跑，不时大叫："爸爸快来，我发现一个宝贝！"

那些天我们不停地走亲访友。小家伙与我弟弟的女儿彩依及妹妹的儿子荃儿接触较多。彩依最大，荃儿最小，小家伙喜大厌小，与彩依自然亲近，与荃儿总是闹些矛盾。他总能挑出荃儿的毛病，如不讲卫生、爱吃糖等，他还特别告诉我荃儿小气，并举例为证。原来某天三个小家伙放鞭炮，炮放完时还未尽兴，便想再去买，两个大小孩都掏出自己的零钱，发现还少一块多，就叫荃儿凑钱。荃儿这时表现得非常坚决，紧紧地捂住口袋，不住地往后退，就是不肯拿出一分钱。两个大孩子扫兴而归，见有适当的场合就指责荃儿的不是。

小家伙与荃儿有时也能玩在一起，但冲突总是多于和谐。他们在暗地里总是给对方使小动作，或摸一把，或掐一下，或踢一脚，然后又会到各自的爸爸面前告状，简直是一对难容之物，总是惹得大人们大笑。

好像是初四吧，家里来了一群客人，带了一个与荃儿年纪相仿的孩子。小家伙不喜生人，早不知躲到哪里去了，荃儿便与那小孩子在走廊上玩，五六个大人坐在院子里，围着桌子打扑克。太阳正热，竟然没有半点寒气。

突然走廊上的两个孩子抱在了一起，都涨红了脸，使劲儿把对方往旁边摔。两人都穿着厚厚的棉衣，活像两只小熊。大人都停下手中的牌，笑着，看着，也有人吆喝着说别打了，但两个小家伙似乎根本听不到，越发使劲。

荃儿渐渐落了下风，身子快侧倒了。那个孩子得势不让人，把荃儿往地上一按，就要把身子压上去。

接下来发生的事让我大吃一惊。我那小家伙不知从哪里冲出来，边跑边喊："你敢打我弟弟！"然后跳上走廊，一下子抱住那孩子，使劲地往外摔。那孩子比小家伙矮半个头，竟被提了起来，不过他还死死地搂着荃儿不肯松手，荃儿则在下面大叫。我忙喝住小家伙放手，他看看我，极不情愿地松开手。那小孩子忙跑到他父亲身边，一脸惊恐。其他大人都笑。

我脸上似乎也在笑，但心里十分不解：血缘到底是什么？这两个平日里仿佛仇人似的小家伙，在一个受难之时，另一个为什么会毫不犹豫地冲上去？平时二人都是直呼其名，根本没有"哥""弟"之称，但在那一瞬间，小家伙张嘴就是"你敢打我弟弟"，这，是本能吗？

有了小家伙冲上去的那一瞬间，我知道，平日他们的矛盾再多也无所谓。那一瞬间，真美！

麻烦女人

"妈妈，快一点儿！"小家伙按着电梯的开关，不住地嚷着。

"好，好，我马上就穿好鞋了。"他妈妈的声音也有些甜。

一家人外出，正常情况下总是唯一的女性出门速度最慢。护脸啦，护眼啦，护皮肤啦，拿不拿包啦，带不带伞啦，穿高跟鞋还是穿平底鞋啦，披不披围巾啦，等等等等，总是快出门时，还会突然说："哦，还有一件事忘啦！"然后匆匆地跑进屋里，又是几分钟出不来。

小家伙性子有些急（他妈妈挺自觉，说这可能是她的遗传），不住地在电梯里嫌妈妈慢，并时不时地踢踢电梯。我让他安静，他满脸不耐烦地说："爸爸，你说妈妈是不是个麻烦女人？"

我不觉笑起来，说："是的。"

他竟然问："那你为什么还和她结婚？"

我笑呵呵地说："因为我是个不怕麻烦的人。"

他嘴里"哼"了一声，无奈地住了嘴。

这时，"麻烦女人"终于出了门。

回答问题

"爸爸跑慢点儿，我给你讲个有趣的事儿。"小家伙在后面有些气喘，不过听得出声音里还有些开心。

我慢下脚步，让他追了上来，于是我俩并肩小跑着。

"什么事？讲。"我言语极短。我不想在跑步时让他多说话，可是这家伙如果悄然无声地跑，没几分钟便会嚷累，便会有多种抱怨的借口。反正与他跑步如正常人走路速度也差不多，让他通过故事来忘记疲累也是我常常采用的策略。

"你等一下，我想想。"他哼哧两声，便笑起来。我侧头看他，感觉他的脸更圆，眼更细。他跑步的姿势较以前标准，脚步也显得有弹性。

"今天我连续回答了四个问题。"他终于调整好呼吸，说。

"都对了吗？"我问。

"都对了。"他很自豪地说。

"什么课？"我问。

"美术。"他说。

我忍不住笑起来，又扭头看看他。他的眼睛仿佛根本没有睁开，而思绪完全回到那堂课似的。美术？什么问题？我好奇心起，等着他的细说。

"上课时，老师问《伏尔加河上的纤夫》，就是我们书上的那张画的作者是谁。我把手这么举起来，"他比画了一个手势，"老师叫了我，我站起来就说是列宾。"

"嗯，不错。"我说。

"老师说'很好'，又问有谁知道列宾是哪个国家的，没人举手。我又站起来说是俄罗斯。老师表扬我说：'看，这个男同学知识面多宽啊'。"他骄傲地说。

"嗯，是不错。还有呢？"我继续问。

"后来老师讲到罗丹的《思想者》，便问有谁知道罗丹还有哪些作品。"他告诉我。

　　我想，这个问题对于五年级的学生来说似乎有点难度。想到一些歌星把"两河文明"的"两河"理解为长江、黄河，觉得这帮小子不知道罗丹的作品没有任何意外。

　　不过小家伙很是兴奋，他故意卖关子似的望我一眼，说："我见同学们都不回答，我又举起手。我说：'还有《雨果》！'老师把眼睛睁得很大，又问：'还有呢？'我还没坐下去呢，就说：'还有《巴尔扎克》！'老师连说：'对对对。'"

　　小家伙描述得绘声绘色，让我也仿佛进入其课堂之中，享受其中诸多眼睛瞪着他时的美妙。

　　他接着说："我坐下了，我后面的那个我以前的同位——就是那个胖胖的女孩——拉着我的衣服说：'你好棒哦！'说得我脸上红红的……"

　　我又笑起来。我问："你怎么知道这些？"

　　他有些腼腆地说："其实是我们四年级下册的资料袋中说的。只不过别人都忘记了。"

　　也许在他们去年的语文书中有这么一个介绍罗丹的豆腐块，也许别人也都看过，但多数都淡忘了，但他为何对这些似乎对于儿童没有什么意义的东西记得这么清楚？

　　沿湖的小径上点缀着无数落叶，这是南方春天归来的讯息。清澈的湖面波光粼粼，送来缕缕久违的南风。

　　唉，这真是一个美丽的世界……

火箭迷

　　他喘着粗气到了我的办公室，把书包往沙发上一扔，嚷道："累死了！"然后往我对面的沙发椅上一躺，拿起台上的报纸，说："这是今天的吗？"

　　我"嗯"了一声，依旧看着学生的作文。

　　他说："今天的就好，可以看看姚易对决了。"

　　我告诉他："中午他们才打，消息要等到明天的报纸才有。"

　　他"哦"了一声，便闭上了嘴巴。

　　看完了作文，我便收拾东西。他问："跑南湖吗？"我举了举手中的袋子，告诉他今天要去打乒乓球。

　　正要爬上楼梯去球室，见教英语的小叶老师往下走。她说她也想打球，却没见到别人。我说："一块儿打吧。"她便转身跟着我们，说："看看你们父子俩！"

　　小叶与小家伙先打。只可惜小叶水平太原始，既接不住小家伙的发球，自己发过去的球又被小家伙一板子扣死。如是几十个回合，小叶道："算了算了，还是你们两个打吧，跟我打你们会感觉到没意思的。"

　　我也不想让她继续接受小家伙的欺凌，便接过了拍子。

　　四十多分钟后，小家伙嚷着饿，我们就回家了。路上，俩人又谈及NBA。他说："爸爸，明天就是转会的最后期限了，你可要告诉我到底谁转走了啊。"

　　我说："把斯科拉转走吧？"

　　他摇摇头说："不行不行！"

　　我又说："把巴蒂尔转走吧？"

　　他继续否定："不行不行！"

　　我再次建议说："把阿泰转走吧？"

　　他依然不同意，说："也不行。兰德里呢，好勇猛，能抢篮板；阿尔斯通呢，控球好，三分球准，也不能转。"

　　我又提了一个建议说："那只好把海德转走了。"

　　他又说："海德，是个老将……唉，最好火箭队的一个都不转走，而把全明星中最厉害的全转到火箭队来。"

唉，不知道明天的NBA转会到底会出现什么令人惊诧的结果，只看见这个小球迷是如此的牵肠挂肚！

我的地盘我做主

之一

昨晚带小家伙去球馆训练，进行一对一的训练。虽说只有一小时，但仍比平时在小区的一个半小时更累。早上我看他睡得香，于是比平时推迟二十分钟叫起他。快速吃完早餐，他说："爸爸要送我。"我想想也是，虽说走路有益于健康，但平白无故地让他迟到受训也不合算。他坐在自行车后座上，车子便在小区里的曲径上启动了。小路上铺着彩砖，车子轻微地震动着。

小家伙右臂搂着我，嘴里不住地叫道："好痛，好痛！"一会儿说手臂痛，说那是昨晚用力太多的缘故；一会儿说屁股痛，说那是车子颠簸的缘故。忽然他说："你不叫痛，原来你坐的是软的，我坐的是硬的。哪有司机坐软卧而让乘客坐硬座的？"我不禁笑起来，这时才体会到"我的地盘我做主"的快意。

之二

有天中午炒了盘蒜薹瘦肉。菜刚端上，小家伙就不住地咽着口水，恨不得把鼻子凑到菜上，然后深深地吸了一口气，说："美味啊，美味！"调动小家伙的胃口其实很简单，只要有肉就成。我说："看你那样子，风度呢？"他笑笑，忙着去拿碗盛饭。这时有个电话打来，我便去沙发上接。等我回来，三两分钟吧，再看看盘子，竟然全是蒜薹，没有一点儿肉的影子。

我一屁股坐在餐桌旁，叫着："我的肉，我的肉……"

小家伙笑道："你的肉，你的肉在你身上。"

我不理他，只是叫："我要吃肉……我要吃肉……"

初叫几声，他装作听不到，只是不好意思地边吃边笑。后来见我没有停下来的迹象，便站起来，拿起筷子在蒜薹里翻，说："我也没吃完啊，我来给你找。"东翻西翻，把几根蒜薹都翻掉了，终于夹起一块肉末，说："你的肉，找到了，给你，别叫了。"

我不理他，仍叫："我要吃肉……"

他把那块肉往我碗里一放，说："知道了知道了，以后给你留几块，行了不？"

我盯着他。我想，现在说得好听，以后见了肉，又什么都忘记了。

罚站

"站在墙边！站直！"妻子一进门，就对小家伙训道。

小家伙极少受到这样的处罚。所以，面对着墙壁，手脚都不知道该怎么放。

"先站十分钟，好好反思。"我也喝道。

他马上立正，双手垂下，紧紧地贴在裤子两侧。

在对孩子的处罚上，我与妻子的意见一贯保持一致。正是因为大人"同仇敌忾"，所以小家伙只有死心塌地地"服刑"，而不会在这里受了委屈就到那里去撒娇投诉。

今天这件事其实并不大。CBA广东宏远队这个赛季把四个主场设在惠州，给这里的生活带来一些生气。虽说我俩都热衷于NBA，对国内联赛没什

么兴趣，但就在家门口的高水平的比赛不去欣赏一下也实在过意不去。妻子说："带孩子去感受一下吧。"我点点头。其实球赛晚上七点半开始，正是送妻子去深圳的时间，我本有些迟疑。妻子却说可以先走，送过她之后直接去球馆。于是，周六下午，我便带着小家伙骑着单车，用了半小时时间，到了球馆前去购票。

票分四等。一等280元，二等250元，三等180元，四等80元。依自己的现状，去看场球，也近乎奢侈，但因有一帮国手驾临，有激烈氛围可以感受，这些开支也很合算。售票者不住地介绍各等票的大致位置，特意强调，说四等票可是在楼上哦。我想，楼上也不怕吧。于是买了两张。其实我还在想，可以再买个望远镜，看球之后出游也能用得上。

小家伙看到四等票，很是不悦，不住地问："为什么不买一等票？"

我不理他，骑着车自己走。他见我脸色不好，也不再吭声，上了车，紧紧地跟在我的后面。一路上他累得"呼哧呼哧"。快到家时，遇到妻子，简言此事。我们想让他受受教育，于是有了开头的一幕。

孩子还小，我们不想让他感受到生活的压力。但是我们想让他懂得珍惜，懂得感恩，懂得体谅。

发薪

"爸爸，发薪！"刚要出门，小家伙在后面嚷着。

"哎呀，现在没有零钱，"我装着拍拍口袋，说，"等几天吧。"

"还拖欠啊？今天星期三啦！"小家伙脸上有些不高兴。

"你怎么像讨债鬼似的啊，哪有这样逼爸爸的呀？"

　　"又不是我的错，明明是你这周没有给钱……像原来就好了，原来每周还八块钱，现在才五块……"小家伙又把一直以来的不满拉扯出来。

　　"哎哎哎，不是金融危机了嘛！"我笑道。我想，降薪总比裁员好吧？

　　"嗯……危机，不对，金融危机对你们老师也没有影响啊！"原来他早就看出来了，我们这一行且不要说下岗失业，就是工资，似乎也没有人叫喊说有减少。

　　"咳……咳……"我一时语塞。

　　"再说，你就是我的薪水的源头，嗯，也是乳头，直接给我就是了，哪会受金融危机的影响？"他说。

　　我大笑。赶快翻开钱包，东找西找。我想，冲着那个可爱的"乳头"，我也要找张五块钱出来！

到此一游

之一

　　一家三人正围着桌子吃饭，小家伙突然说："其实我的老师就是两面三刀、出尔反尔的人。"

　　我和他妈妈吓了一跳，都惊异地望着他。

　　他也不抬眼睛，只是专心地啃着鸡翅，利用嘴里剩余的空间嘟囔："你看，我那老师总训我们说：'你们学习不是为我学的，也不是为家长学的，而是为你们自己学的。'可是要我们读书的时候，却又说：'你们给我把书读一遍！'"小家伙把"给我"两个字紧紧地咬住，说，"看看，又是给她读书！"

之二

妻回来，带回一大沓试卷，50道选择题。她改累了，便道："清尘，来帮我改一改。"他先说不会，妻告诉他对着答案，ABCD相符就成，他勉强同意。一分钟过后，改完一张，数了数错误的个数，说："74分。"妻说："分数写在这边。"他认真地在试卷上写上"74"，只是还没有当老师的潇洒，"7"的一竖写得相当短。妻说："写长点吧。"他又用笔把那一竖拉长，然后扭过头望着我们，笑道："再写上'清尘到此一游'？"我们大笑。

之三

小家伙素爱财。中午看《新闻30分》，里面谈到了美国经济，画面是一捆捆美钞。我在一边吃饭，只听他在那边叫："啊，那么多绿票子……全是我的……都是我的……我可发了，我可发了……哈哈哈哈……"扭头一看，他正放下筷子，头向着电视伸得长长的，两眼放着精光。那样子，不像是发财了，更像是发疯了！

不忌讳

对于死，不忌讳的人可能不多，可是小家伙不然。当作业多了些，训练累了些，受的委屈多了些时，他都会把那个字挂在嘴上，说起它就如谈及吃饭睡觉一般，丝毫没有恐惧之意。

昨天下午放学，他说腿痛，于是又长叹一声，说："唉，还不如死了。"我见他那模样，便认真地说："行，我也跟着你去死。"他扭转头看看我，迟疑了一会儿，问："那妈妈呢，不孤单吗？"我说："咱们三个一

等一等！ 待续……

起去死。"他笑道："好。不过最好让电脑电视陪葬。"我大笑。

今天早上出门，他道："天天上学，烦死了。"我说："又想死啊？"他点点头，问我："爸爸，安眠药可以置人于死地吧？"我说："是。"他问："可以买到吗？"我说："可以。"他问："要多少钱？"我说："要几十块吧，你要自己去买。"他笑道："那么贵？还是不死了。"

孩子其实胆小，也热爱生活。有时想到哪儿就说到哪儿，有时故意由着性子，似乎是在乱说。我想，家长也不必如临大敌，只是把它当成生活中的一个小小插曲，让他在其实很沉重很忌讳的话题中小心度过，并能感觉到生活的趣味。

练习书法啦

一张写了半页字的"硬笔书法纸"躺在我的办公台上。看着上面的内容，我不禁笑起来。

一两个月前吧，小家伙说："我被老师选上要参加书法竞赛了。班里有八个人呢。"

我也很高兴。想想他曾经抱怨老师不给他表现的机会，这也算是了了他的一个心愿。

过了几个星期，他说："参加书法竞赛的最后确定了三个人，有我。"然后笑道，"我怎么能被选上呢？我有些紧张啊！"那笑声里不乏兴奋，但真的有一丝紧张。

"三个人都有你啊？"对于这个结果我也意外。虽说每天中午他要摹写田英章的硬笔字，但一离开标本，他的字也并不怎么样。

他说："是啊。我同学都说：'你怎么左手写字还那么好呢'？"想想一个左撇子的字能超过众多使用右手的，也的确不容易。

上周日，小家伙说学校让他们十点半去训练书法。他妈妈陪他到了学校，竟然空无一人。我赶紧打电话问他的班主任，班主任也奇怪，说应该是每周一的下午四点半啊。小家伙怏怏回家，嘴里嘀咕道："什么老师，普通话一点也不准。把'周一'说成'周日'，把'四点半'说成'十点半'！"我则反问他是什么耳朵，为何别人没有听错。

这个周一下午，他比平时晚放学。回来时就把一张"硬笔书法纸"往我桌上一扔，说："刚练的！"

我一看他写的前两个字，便问："老师讲了'永字八法'？"

他问："什么是'永字八法'？"

"一个'永'字含有汉字的八种笔法……"我知道这有些繁杂，懒得往下讲。后四个字是四个"十"，横的落笔行笔收笔都中规中矩，竖则都用悬针。这些我都带他练过。接着是两个"八"字，撇捺都很有法度，很有力度。至此可猜测老师先讲笔画，再按横竖撇捺顺序训练。往下的内容，一看便知老师让学生随便写一些字。小家伙写的是："朱祉华，人啊，救命呀！他有禽流感啊！就是克林顿、林肯、奥巴马呀！瘦肉精啊！不是？还是毛泽东？哼，慢性自杀？嘿嘿，再见了，亲爱的叶同志！"

内容杂乱，但其思维依然有序可循。当老师让他们自由写时，他可能迟疑一下：写什么呢？然后脑海中马上跳出一个好友的名字。再由具体的朋友，抽象到"人"，到此，他写字时心理还是比较安静的，态度也端正。但在没有外人监督检查的情况下，他的"恶搞"之心油然而起，心房之门马上打开，便开始无拘无束地时空乱窜。由"人"，想到"救命"（相信他写到此处开始在心里笑），想到为何救命，想到是谁得病。在此列举三个美国总统的名字，也是一种惯性思维。只要脑海中跳出第一个人名，其后的应该都与第一个有关。"禽流感"不够，来了"瘦肉精"，这正是他突然想到最近广东出现不少"瘦肉精"的事例。"不是"，似是自问自答，更像是看到别人摇头后他的更正。"还是毛泽东"，既是对前面美国总统思维的延续，也似是在说不是瘦肉精难道是毛泽东不成？后两句则是结果。当他写到"再见了，亲爱的叶同志"时，内心一定笑得不可抑制，也让人马上猜测到，那个所谓的"叶同志"，应该就是他身边的某位同学，而这位同学也许看他边写边笑，忍不住来看他写字，也忍俊不禁。

就字而言，第一行字一笔一画相当规范，后面的就难见练习的痕迹；从心态上看，他是越写越放松；从内容上看，孩子无意识的只言片语，正是他活动空间、阅读视野的折射；从情感上看，孩子表情丰富，心理健康。

让我也忍俊不禁的是，"叶同志"后面一格有一个左向的箭头，后面还有一行字，一看就知是另一个人写的，文曰："以上是一位已逝精神病患者所书"。

估计这写字者就是那个"叶同志"吧。

有正气

去学校路上，与小家伙边走边聊。

他说："爸爸，老师今天说我和其他几个同学有正气。"

我一听觉得非常好奇，因为就在前天，他妈妈还说他缺少正气呢。小家伙在陌生环境有些胆小，遇事不易放开，考虑自己多于别人，豪气、阳刚气似嫌不足，而这也常常让我们俩有些担忧。

我让他说是哪几个同学。他一报名字我就知道原来是那几个爱打篮球的。篮球让他们聚在一起，也让他们有了比较健康的心理。

他问："爸爸，你上课用参考书吗？"

"不用。"我说。

他解释说："我们老师上课就拿着参考书念。所以我总是想啊，有了参考书就可以当老师啦。"

我听了心中一悚。

我说："我给你讲讲我昨天的课吧。我上复习课，里面有'喜洋洋'三个字。我一说'喜洋洋'，学生便叫道：'灰太郎！'"

小家伙笑起来，说："你生气了吗？"

我反问一句："如果是你们的老师，会怎么样呢？"

他说："她会骂我们乱说的。你呢？"

"我呀……"我说，"我笑着对他们说：'你们也看《喜羊羊和灰太狼》啊？我以为只有我这样的智商的人才看呢！'学生也笑，问：'老师，你也看呀？是你陪儿子看吗？'我说：'不，是儿子陪我看！'学生又大笑起来。"

小家伙也笑，但明显有些不解地问："你真是这样上课的？"我说："自然啊。"

他说："中学生上课真好。"

我笑笑，想，这可不一定。我问："你知道'我陪儿子看'和'儿子陪我看'有什么不同吗？"

"知道。"小家伙毫不迟疑地说，"'我陪儿子看'主要是儿子想看，'儿子陪我看'是说你想看。"

我点点头，很是欣慰。

路上拾趣

之一

放学后，出了后门，正想着什么事，忽听一个声音道："你别跑！"

抬头一看，一个女生正在追一个男生，而那男生正是小家伙，那女生齐耳短发，很是清纯。她追不上，便站住，说："你再跑你就不是男人！"

小家伙回头看了一眼，便慢下脚步，说："我不跑，我走。"

那女生道："你再走你也不是男人！"

小家伙仍没有停下的意思，说："我是男孩，我本来就不是男人。"

——呵呵，遇此"无赖"，那女生也只好站在那里气得直跺脚。

之二

与小家伙一起去球馆练球，我步子大，我前他后。下了人行天桥楼梯，没走几步，便见一肥胖高大女子迎面走来。她看似比我还高，脸上的肉一走一颤。正常女子双乳之下必然回收，方显曲线之美，而她腹部似乎不愿与双乳之间产生鸿沟，而是沿着乳尖最高处直接下行，使得乳腹之间形成一道平滑而优美的曲线，并且愈下行愈往外膨胀，印证了"大腹便便"之神韵，绷得那粉红色外衣格外吃紧。出于对特殊人士的尊重，我仅是对她扫了一眼，马上收回目光，心中却暗暗估计其重量。这时忽见小家伙从后面追上来，扯扯我的衣服，小声说："爸爸，我刚才看到一个庞然大物！"我忍住笑，认真地说："你以后再也不要嫌妈妈胖了！"小家伙点点头，脸上仍是一堆抹不去的诧异。

生活小记

之一

一同事办喜事，发来请帖。我一则爱静，二则怕孩子作业写不完，便决定不去，拿出二百元钱让人捎去。小家伙见我把钱递给别人，眼睛先是瞪得大大的，等人一走，便问我这钱的去向。我说："别人结婚。""结婚别人都会给钱？"他问。我说："是的，热闹热闹，也是一点心意。"小家伙无限神往，说："真好……真好，你干脆结一千次婚一万次婚，那可以赚多少钱啊！"我笑道："是啊，就是不知道妈妈同意不同意。"

之二

下午一般情况下他都会打乒乓球。周一和周五在球馆跟教练学，周二至周四我陪他在学校打。上周日他骑车摔了一跤，到现在腿还在痛。所以今天打球时有些不便，我很快赢了两局。看我得意的样子，他便怪我欺负病残，欺负弱小。我不理他，只是不停地说："专心一些！""准备好了吗？""打起精神！""跑快一点！"弄得他嘴一咧，眼泪都流出来了。我笑道："行了行了，不打了行了吧？"他说："不！发球！"我知道他也不肯这么

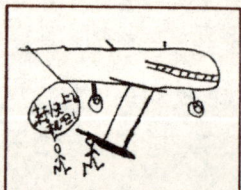

轻易认输，两个人便打起来。

走出乒乓球室时，他不停地说："慢一点，慢一点，我腿痛。"我想，假如我真慢下来，他叫嚷的声音就会更大。我不停步，他追上来，拉着我的衣领，大笑起来。我说："放手。"他说："不放。"结果手还是松下来，依然笑着。当时晚自习铃声响起，球场上依然有两拨人在打篮球。我扶着栏杆，冲着操场大声喊："怎么还在打球啊？谁还在那里打球？"离我较近的那拨人回头看看，马上把球收起来，说："上自习去。"而那边的那拨人依然在跑动上篮。我有些生气，又大喊了一声，估计整个校园都充斥着我的声音。结果那帮人也马上抱着球离开。这时，再看小家伙，与我保持一米左右的距离，侧着身，惴惴地看着我，似乎大气也不敢出一声。我说："走，吃饭去。"他"嗯"了一声，半晌，才说："你怎么这么厉害？声音那么大，吓死我了……"我想，什么吓死你了，刚才还在扯我的衣服呢。不过，小家伙内心的胆小可见一斑。

听《梁祝》

心境不同，所听乐曲也不一样。前天，把自己博客的音乐更新一番，换了些二胡曲，然后将页面最小化，自己改作业时，心境暗合着那曲调里的悠扬与忧郁。

小家伙坐在对面写作业，时不时地冒出一句话来，也许以此来显示他的存在。听到我说"写作业别说话"时，他就抬起头，冲着我笑笑。

没安静两分钟，他问："爸爸，真有祝英台这个人吗？"

我说："也许有吧。"

　　"她和梁山伯是同学吗？"

　　我说是。

　　他不言语了，低着头写作业。

　　我放下笔，说："听！这段多欢快啊！你能听到什么？"

　　也许难得我主动说话，他忙走过来，趴在我桌上，听了一会儿，说："我听到他们两个好高兴。"

　　我说："是啊，春天，桃花绿草，阳光明媚。"

　　他告诉我："我看到祝英台在前面跑，梁山伯在后面追。"

　　我一笑，右手随着曲子摆动起来。

　　他按住我的手，说："这一段可能是终于下课了，他们好开心啊！"

　　"嗯，不错不错！"我对他的乐感感到高兴。

　　他问我："爸爸，下一曲是什么？"

　　我于是把页面最大化，一看下面滚动的文字，大惊。刚才我俩还对《梁祝》品来品去，煞有介事地似乎看到一男一女的浪漫，谁知那段明快的调子竟然是正在播放的《光明行》！

　　父子俩惊后反笑。能从《光明行》中看到梁祝活泼欢快、自由幸福的影子，可真是快事一件！

学习愤怒

　　端午节放假三天，然后就是"六一"，然后再放一天。小家伙一改往日对学校的诸多抱怨，对这几天的安排满意至极。看着他兴奋的表情，我却犯了愁：两个监护人都要补两天课，谁去照看他？好在他最好的朋友就在几十里外的县城里，把他打发到朋友那里去吧。

　　吃过早餐，我推了车子，他则背着鼓鼓的书包，轻快地走在我旁边。书包里装的自然是这两天的作业和换洗衣服。走到肯德基前，我说："你进去买点东西带过去吧。"他有些意外，然后笑着说："真的？"看我点点头，他便推开门，说："我去看看有些什么。"

过一会儿，他出来报告，说只有早餐，那些正餐十点之后才有。我说早餐也行，只要是这些洋食品，孩子们都会喜欢。他接过钱，说："那我就买两份汉堡包和两份春卷吧。"

我把车子停在门边，看着往来的车辆人流，偶尔回过身透过窗子往里面看看。他站在最后，前面有三四个人。两处收银，他一会儿站这边，一会儿站那边。我暗笑。

几分钟后，他出来交给我一沓散钱，说："说要等一会儿。"然后进去。我就看到那黑色的头和蓝黑色的大背包在几排空空的乳白色条桌边晃荡。

前面天桥电梯下已经成了摩托车、单车的停放地。不停地有人从各个方向骑来，减速，停止，下车，锁车。这里有偷车贼吗？哪个是呢？单车这么一锁，放心吗？那个瘦女子力气居然大得能把摩托车支架支住，让那圆圆的后轮高高撅起！再看屋里，柜台前仅有一个顾客，而小家伙也许是逛累了，弯下腰，两手支在矮矮的餐台上，那屁股——晕，圆圆的，高高地撅着，正如那辆摩托车的后轮。

两个老人从超市那边走来，手里提着几袋子东西，有青菜，有豆角，还有几个粽子。对，今天是端午节。奇怪，看袋子，这些东西都不是超市里的，而是小摊小贩的，那边，怎么会有那样的市场呢？正在好奇，衣服被人扯了几下。小家伙说："她们说再等一会儿就好了。"

哦，再等一会儿……汉堡包、春卷……再等一会儿……

屁股不由得往单车上靠一靠，弄得车把一摆，挂在车把上的白色硬纸袋使劲儿地晃了晃。

袋子里是那沓模拟试卷，一会儿上课又要喋喋不休地讲，实在不知有没有效果。还有22天就要中考了，现在就像万米长跑的最后几步，想冲刺，也是力不从心，便只好由得惯性往前走。

不由得突然意识到，我在这门口到底站了多久了？

柜台边只有一个服务员，小家伙坐在餐台边失神地望着外面发呆。

我匆匆把车子一锁，提着纸袋，推门进去。

仿佛听到一句"欢迎光临"，但我已经走到柜台边。

"你们怎么搞的？速度怎么这么慢？"我大声道。估计脸色相当难看。

那服务员没作声。

"就是汉堡包，春卷，哪里需要这么久？我等了快二十分钟了，你们二十分钟就只能做这一桩生意？"

里面的工作间有人说："马上好了，马上好了！"

我停了声，但发现，他们的"马上"还在延续。我又问道："你们连锁店都是这个速度吗？"

"不是……"前台那女子终于说话了，"东西卖完了，都是现做……"

我想，这里哪有几个顾客？充其量又卖了多少？这前面的工作到底是怎么准备的？

好在东西终于打包了。小家伙提着，怯怯地跟着我，脸有些红。

我说："有些愤怒我们是要表达出来的。"

他说："又不是我的错，你干吗对我生气？"

我放低音量，说："不是对你生气，是对他们的速度。其实你想啊，我们发发火，对他们也有好处，他们当然不希望天天有人责怪，于是就会想办法提高效率，使得顾客满意。"

小家伙点点头，说："我也等急了，也想生气，可是我没有他们大，不敢生气……"

呵呵，看来，生气还需要成熟的本钱。孩子在不断成长，在心智身体正常发育之时，情感的健全也许更重要。他还胆小，遇事退缩较多，要让他学会适当地表达自己的权利。

过六一

小家伙很开心。端午节三天假后，今天上午学校文艺汇演，下午自由活动，明天居然又放一天假！

上学时他问我："中学生不过六一吗？"我说："不过。"他说："那我一直待在小学。"

中午一回家，他便道："爸爸，我得了两个荣誉，一个是文明学生，一个是优秀少先队员，你看看……"我接过奖状，果然像是真的。

我笑道："不错不错。你们班每个学生都有吧？"

他声音一扬，道："哪可能呢？只有二十多个。"

七十多人的班级，二十多人获奖，这张奖状的含金量还是不错的吧。

"上午看演出热吗？"

"热死了！坐在那里还不能动……我们班第一个上场，热死了。舞蹈一点儿也不好看……肖××又当主持。"他抱怨说。

"他有你帅吗？"我问。

"有。"他说。

"其实你看起来也挺帅的……"我安慰他说。

"你就别戏弄我了，我哪里帅……他长得可能比我黑些……对了爸爸，我们下午可以穿自己最喜欢的衣服，想穿什么就穿什么。"他高兴地说。

"那就只穿小内裤。"我逗他。

"你才……"他说。

"那你想穿什么？"我问。

"嘿嘿，我不告诉你。"他笑嘻嘻地说。

"哼，对老爸也保密啊？说！"我假装发怒。

"嘿嘿，我不好意思嘛。我想穿那个耐克。"他说。

"下面呢？"我问他。

"那个半截裤。"他说。

"嗯，不错。这有啥秘密啊？"我笑着说。

"嘿嘿，爸爸，老师还说我们下午可以带东西去吃，还可以打扑克。"他喜滋滋地说。

孩子就是这么容易满足。平时也许吃过无数东西，但这次的东西最好吃；也许打过无数次扑克，但这次的最难忘。也许大人们早已不屑于这个节日的这些小把戏，但是对于孩子来说，永远是新奇、兴奋与快乐。

我给了他二十元钱，让他自己到超市去买吃的。

二十分钟过后，他回来了。两袋饼干和糖。嘿，要求还挺高的嘛。

"老师说，下了第二节课就可以吃了。"儿子边撅着屁股找装食品的袋子边说。

我"嗯"了一声。

过了一会儿，他嚷道："爸爸，我先走了。"

一看时间，不到两点呢。我说："等一会儿吧。"

又等了一会儿，他说："爸爸，我要走了。"

"等等，我们一起走吧……我很快的。"陪小家伙走走也是一种幸福啊。

他抱着鼓囊囊的袋子，我甩着两手，一高一矮走在湖边的林荫下。

儿子给我的礼物

中考今日始。上午考语文，我一直待在学校，小家伙则由芳姨带去看她女儿表演，并包管午饭。一点左右，他回来了。先是看看漫画书，然后就开始做作业。我安排完毕，就到自己房间时而睡一会儿，时而看会儿书。

隔了一会儿，似乎听到那边有房门打开的声音。我就想看看他在做什么。还没进他屋，见他从厅里冲过来，一下子挤进他房间，然后转过身，似有挡住我的意思。我问："干啥去了？"他说："扔垃圾。"想起刚才给他一个大桃子，也许是扔桃核吧。我说："做作业吧。"他笑着，点点头。我则回自己的房间。

不一会儿，感觉到他进来了，探头探脑的。我说："这么快？"他不应声，双手背在背后，笑着。走到我跟前，说："给你一个惊喜，猜猜！"

"这往哪里猜？不猜！"他经常叫我玩这样的把戏，猜几十次也不会有结果的。

"嘿嘿！贺卡，刚做的！"他把手往我眼前一扬，一张红色的卡片，上面有图有字。

"这是啥呀？"我似乎知道答案，但还是不自觉地问一句。

"父亲节快乐！我也忘记了，还是上午芳姨告诉我的。"

"你刚才做的吗？"我问。

"是啊！你刚才进去，我生怕你发现了，忙把它藏起来……"他话语中有些许得意。

这家伙，刚才的匆忙竟是为了此事！我隐隐有些歉意。

我说："嗯，好漂亮！我看看！"

卡片正中间，一个戴眼镜的男子，张开双臂，满脸笑意；头上面写着"爸爸节日快乐"几个大字，下一行是"爱你！儿子至上"（哼，"致"写成"至"，意思全反了）；画像左边则写着"父亲节"，字下有一个大大的"YES"，图下面写着"妈妈吃醋"，并附一个大大的感叹号；卡片右手边纵写着"聂安安"，字下画一个心，左手边写着"小安安"，字下也画一个心。这两个名字明显是取自学生给我起的外号。

本以为就是这些，谁知将卡片一翻，背面竟也是"图文并茂"：上面画着一个光头小子，两个大眼睛，嘴角上挑，两手抱在胸前；旁边一个标注，里面写道"原谅我"；光头小子右边有三个字"抱歉了"，下边则是三行大字："对不起，因没钱买礼物，所以，制作了一份贺卡给YOU！（挥霍啊！）"我不禁笑起来。前不久他的钱罐里还有一些钱，后来我一查，竟然没有了。问他花在哪里了，他说他买这买那，不知不觉就花完了。当时他长叹道："我再也不要像富人那样挥金如土了，我要开始节约了！"此处"挥霍"二字，想必是对前些日的反省。

"不错不错！我好好收起来。"我说。

"嗯，你要收好……爸爸，我想看'蓝猫'……"小家伙笑道。

"成，去看吧。"我笑着说。

唉，收了礼物的人哪好意思拒绝你的请求呢！

火车上

"爸头，如果不比赛，我们是不是就可以不必回来这么早了？"他问。

小家伙背着他那装得鼓鼓的背包，拖着两脚，没有一丝的快意。即使上了火车，嘴里还在嘀嘀咕咕，不住地絮叨着和虎哥昊弟在一起玩打仗时的兴奋。

我也懒得回答。这样的问题自从火车票买过之后他问过无数次了，一句一个"爸头爸头"的，连"老爸"也不叫，嚷得我心烦。我曾很耐心地告诉他，没有这次乒乓球比赛也要提前回来，这个暑假还是要学点什么的，不能全在打打杀杀之中度过啊。

"明白了吗？"我问。

他见我态度比较严肃，便说："好，明白了。"看那表情，明显是根本不想明白！

即使是提前七天，也没能买到下铺。他已超过一米五，于是就买了两张中铺。对于第一次以成年人的身份享受一个铺位，他也没有丝毫惊喜。我把

东西放在行李架上后，他就侧坐于窗边，眯着眼睛，似是在看窗外的世界。

我坐在他对面，和他说些沿途经过的地方，讲些我所知道发生在当地的故事，他偶尔点点头，偶尔提个小问题，偶尔沉思一会儿。由于我背朝向火车前进的方向，看外面风景总是不舒服，我就说："晕。给你读《三国演义》吧。"他点点头，说："行。"

从背包里取出书，我问："读哪里？"

他说："吕布命丧白门楼吧。"

我说："那个地方太简单……"

他又建议："那就讲过五关斩六将吧，上次你讲到杀孔秀……"

我翻开那一回，一边看书，一边用自己的话描述，尽量生动一些。白话三国他已经看过，不过这些地方是百听不厌的，看到他似乎沉醉于"千里走单骑"的故事，却不知他是否还在为自己提前走"千里"而惆怅。

中午随便吃些东西后，我便生困意。我爬上铺要睡，他仍静静地坐在窗边，眯着眼睛，任风吹动着他的T恤。

我醒来时发现已经四点了。他扭头看看我，问了句"你醒了"，便又将头复原。我下了铺，又坐在他的对面，问他去过厕所没有。他摇摇头。

车驰长江上，他说："真宽啊。"我想来抒抒情，便说："看看，真是'唯见长江天际流'啊！"他似乎也没听到。

长江一过，进入九江。忽见一马路从铁路下穿过，那路面竟是红色的。小家伙道："这路莫非是党的鲜血染红的？"我一惊一笑。

他问："南昌还远吗？"

我说："还要一两个小时吧。困了吗？去躺一会儿。"

他拒绝了，说："不，我是不到南昌不流泪。"

"不流泪？"我问。

他向我解释说："不流泪就是不打哈欠，就是说不困。我不是一打哈欠就流泪嘛。"

原来半个月前经过南昌时，他看到在夜色里有两座非常漂亮的桥，今天一定要再欣赏一番。

夜里十点，车过南昌。那美丽的桥依然在夜幕里闪着蓝光，晶莹剔透。小家伙赞叹一番，然后说："有些困了，睡吧。"

他屁股下的折椅"啪"的一下子收起，似乎长长地舒了一口气，有如释重负的感觉。想想这把椅子被一个胖小子连续压了十个小时，是该伸伸懒腰喘口气了。

乒乓球赛

提前从老家回来，一个重要的原因就是为了参加今天由市体育局、教育局联合举办的乒乓球比赛。报名不设门槛，所以，早在一个月前我们就交了20元钱的报名费。

昨天团体赛，我带他去体育馆体验一下气氛。他在公众场合依然拘谨，走到哪里都紧紧地贴着我，有时依得太紧，让我不由得打趔趄。我让他去寻找认识的球友，他就问我去不去；我让他去与认识的一个老师打个招呼，他便苦着脸，说有这个必要吗；再逼紧了，他就说"你看他现在正忙着呢"。让他去看球，他也会绕弯子，站在远远的地方；让他坐在场边观战的条凳上看，他就问那地方能坐吗。我说："坐吧，怕什么？你不坐别人坐。要大大方方，自自然然。"他马上点头道："是！"或用从《我的兄弟叫顺溜》中学来的一句表示"是"的日语来表态，有时甚至立正，或点头或鞠躬，让人哭笑不得。

看到别人打球，他时不时地说"好紧张"，看到一个孩子零比十一输了，他便说"我明天要惨败了怎么办"，甚至还会想到别人会不会幸灾乐祸。我得不停地告诉他，不要在乎输赢，只要打出水平，打出士气就成。我也清楚，道理或许他也懂，但真正让他以平常心对待这样大型的比赛，又谈何容易！

昨天夜里睡觉前，我坐在他床边，两人谈了一些发球的技巧，谈了遇到强手要保持什么样的心态。他说："打好打坏我都不叫。"我说："赢了球可叫出来，你看马林王皓他们。"他说："有些不好意思。"并让我在观战的时候也不要叫。让一个在陌生场合一向拘谨的孩子一下子放开，非一日之功啊。

比赛预定在今天上午十点半进行，九点五十时，就听到检录。我说："开始了。"他跟在我的屁股后面，问："不是十点半吗？不是十点半吗？"

走到11号台一看，旁边一个身穿黄色T恤的大小伙子，个头估计高出小家伙一个脑袋，怎么看也不像个小学生。我心想不妙，估计没开球小家伙心里就怵。果然练球时，小家伙几个球都打飞了。

结果不出所料。对手并不强，但比小家伙发挥得稳当，经验又明显丰富得多。小家伙紧绷着脸，使得那皮肤显得更黑。他虽也打出几个好球，但没有改变大局。他发球变化少，接发球失误多，对攻时放不开。

三局打完后，他到裁判处签个名，然后朝我走过来，依然绷着脸，汗津津的。我拍拍他的肩膀，说："不错，发挥得还不错！"

他说："好紧张！"

"现在还紧张吗？"我问。

"嗯。其实我一看到他那么高，心里就想'完了'。"他说。

教练在一边鼓励他一番，指出某些球可以打得更好。他不住地点头。

把球拍装进袋里，我们又去看别人打球。过了一会儿，他说："现在不太紧张了。"

是啊，也只有当紧张成为习惯时，你才会觉得没什么可以紧张的了。看来这样的机会还是要多给他创造。

一个孩子，凝聚着父母太多的心血与希望，让我们时时感觉到生活的沉重！

重任

两个月的暑假过去，可很多事情依然如昨。下午五点多钟，小家伙还是推开了我办公室的门，笑笑，进来，见了同事，说声"阿姨好"，便凑到我跟前。可能与以前有区别的是：其一，他是六年级的大小学生了；其二，原来他要爬上五楼去找我，现在只需爬三楼了。

我忙我的事，他看他的书。说是第一天，没什么作业。等到办公室就剩下我俩了，他走到我跟前，似乎是漫不经心地说："我们老师说，她才来，一切对于她来说都是新的，要我们都从零开始，不管是学习好的还是不好的。"

我"嗯"了一声，心想，本来这样的话我也想对我的新学生说的，不知怎么却忘记了，还是小学老师聪明哪！

他又说："我可以表现一下了……"

我点点头。小家伙胆小，的确需要一个让他锻炼的平台。

"……结果，我成了公证人了。"他说。

我抬头看看他，自然是许多不解。他笑笑，忙说："是这样的，老师让我当德育量化分的公证人，让我去评判别人得多少分。这样的人全班只有十几个呢！"他拿出一张小纸片，上面列有近十位学生名单，"就是这几个，我管他们。看看，还有江涵呢！"

我笑笑，说："真了不起！"我能感觉到孩子的得意，因为他仿佛一直与那位他原来的女同位不对脾气。

"第二件事呢……"小家伙欲言又止，但还是忍不住道，"这件事全班只有四个人承担。"

前一件事十几个人，这件事四个人，可见做事者的重要性。我在倾听。

"老师说：'班里窗帘脏了，怎么办呢？是老师拿回去洗，还是本班同学自愿拿回家帮咱班洗呢？'老师一说完，就有一个人说：'老师，还是你拿回家洗吧。'老师说：'我希望刚才那位同学说的是反话，如果是反话的话，说明还是有同学愿意拿回家去洗的。我看看谁愿意为班级做贡献？'我记得你前几天为你的办公室洗了窗帘，于是我就举了手，老师便把窗帘给了我和另外三个举手的同学。你看看，在这里呢！"他拍拍撑得鼓鼓的书包，笑着。

我说："嗯，不错。能帮班里做事，多开心啊！"

他说："我还以为你会骂我，说我多管闲事呢……"

我说："哪会呢？还有没有任务啊？"

他说："嗯，还有一个重担，是音乐老师交给我的。她让我每次上课的时候去搬琴。"

我鼓励他说："锻炼身体，好！琴在哪里？"

他说："在教导处。"

我也不知道教导处离他班有多远，也不想多问。想想自己的学生，很多都需要关注。关注的形式有多种，有时候，让他做事就是一种最好的关注。成年人也许有更多的功利心，会觉得他的孩子在学校做那些事会吃亏，其实恰恰相反。支使，也是肯定与信任。被别人信任也是我们不可或缺的需求。

可以看得出来，小家伙接到任务时的开心。这开心，恰好是赤子之心的表现。我们也许不能让他永远拥有这么一颗赤心，但我希望，他这颗心的成色保持得尽可能长久。

周末片断

之一

"清尘，出来。"我想，你总不能老是趴在床上玩你的那堆小兵吧。

"干吗？"声音里隐含着百分之十左右的不情愿，然后是"咚咚"几下，估计是正吃力地往起爬，弄得木床也在叫痛。

"去把洗衣机里的衣服晾一下。"我的指令简洁有力。

"啊？"他拖着长声，声音里隐含着百分之三十左右的不情愿。

"晾的时候抖一抖，把衣服理顺。"我不会去商讨你晾还是不晾，我就直接告诉你怎么晾。

他撇撇嘴，似乎还有点苦笑与无奈，慢慢地移到阳台。一会儿就听到开洗衣机盖的声音，一会儿又看到他往上挑衣服的影子。

我做我的事。

忽然听到他大叫："不公平！"接着听到他冲进屋里，大声道，"不公平，不公平！我的才两件，其他全是你的！"

我脑子迅速一闪，道："你的才两件？再去看看！"

他又跑出去，似乎是在洗衣机桶里翻了翻，笑道："三件，还有小内裤呢。"

我当然知道，你至少也有三件啊，还没算那两只袜子呢！

他一被我找出毛病，盛气全无，便默默地弯腰、抖衣、上挑，专心致志了。

之二

"清尘，你去买菜吧。"我说。

"为什么是我？"估计有百分之七十的不情愿。

"你想吃什么菜？"我不会在为什么是他而不是我去买菜上纠缠。

"随便。"他不由得随着我走。

"随便？那就去买萝卜、白菜，我们中午吃吧。"我不动声色。

"不行！"他叫起来。

我当然知道他会说不行。"那你想吃什么？"

"牛扒……鸡大腿……"他笑嘻嘻地说。

嘿嘿，这就是讨价还价。我的白菜到他的牛扒，就是谈判的两极，而最终的结果，就是这两极间的，双方都可以接受的移动。

最后，在满足了他的某些条件而又没有突破我的底线的情况下，他兴冲冲地去买菜了。

之三

我做饭，他整理饭桌，帮我端菜，并趁机偷吃了几块牛肉。我记得从老家带了一些皮蛋，便敲开看看，五六个居然只有一个是好的，其他都成了臭水。我把那个仅存的好蛋放在碗里，淋了点醋，放在桌上，骂了那几个臭蛋几句。他伏在桌子那边，瞅着我笑。

他说："爸爸，你知道'近朱者赤，近墨者黑'是什么意思吗？"

我能不知道你这小家伙的话是什么意思？

我说："你知道'出淤泥而不染'是什么意思吗？"

他说："知道。"忽然又笑起来。他已经明白我的话在回答他的话。

我是暴君

"把电扇关上。"我皱皱眉，带有命令似的语气。

"为什么？"问话里明显带着知道理由的笑意。

"为什么？还流着鼻涕呢！"我说。

"流就流呗，反正也不发烧。"他倒是一脸无所谓的样子。

"那好，感冒了自己去治啊，别找我。"我装作不理他。

"行了行了，关就关呗。"他把屁股从凳子上挪下来，慢慢走到电扇前，一按，说："你是一个暴君，不让我吹电扇！"然后坐到凳子上，瞅着我，说："你是一个暴君！你比杨广还暴君，你比商纣王还暴君，你比周幽王还暴君！"

我望着他，笑。我想，历史书还让不让他看呢？

老爸要开会

最怕这个时候——去新校区开会。

老校新校相距十余里，下午上了两节课后校车从老校出发，经过无数弯弯角角，经过无数红绿灯，到了新校，已经是五点多了。于是开会，而这时，我家那小子正好也该放学了。

靠在椅子上昏昏欲睡，让领导的讲话全消失在两耳之外，却忽然感觉到手机的震动。一惊，坐起，再看，果然是家里的电话。我略松了一口气，弯下腰，小声地说："我在开会。"

他说："爸爸，我到家了。"这句话全然跟我的"我在开会"没有任何关系，可见他对我的言语似乎有免疫能力，而只是沿着自己既定的言语方向行进。

我则不能像他这么木。我说："知道了。"

他说："你什么时候回来呀？"

我说："不知道。"

他问我："那我咋吃饭呀？"

我低声告诉他："不怕，一会儿我再告诉你。"

于是他说："那好吧，我先写作业。写完作业再给你打电话。"

我很快接受这个建议，合上手机直起腰，再把后背斜在椅靠上，又去追寻那休眠状态。

散会时，他来电话，说作业写完了。我让他在家看书等我，说一会儿在楼下的茶餐厅吃饭。他两天前刚在那里吃过，吃的是自己最渴望的东西，所以今天一听还去吃，惊喜通过家里的"中国电信"迅速飞到我耳边的"中国移动"里。

我们在餐厅找个位置坐下，我本着节约的精神说另选一件作为上次美食的替代品吧。他显出一朝满足不再他求的大度，于是点了个鲜茄鸡扒，我则点了个回锅肉。

两人面对面坐着，他说："你别老板着脸……好像我要吃了你似的……"

我说："哪里哪里！这脸是开会开的，有些累，所以难看。"我想，昨天才有学生说我太严肃，怕会影响以后在他们心目中的形象，而今日，这小家伙又在不断印证。我脸上的表情肌，难道真的不够丰富了吗？

我的饭菜先上来。回锅肉片焦黄喷香，旁边点缀着红绿辣椒。盘中的米饭堆得紧紧的，如半球，明显是一碗扣下来的结果。

小家伙把头凑过来，两眼放光。我把盘子往这边一拉，说："这是我的！"

他说："我也没有说要吃你的。"不过嘴巴还是用力地吸了吸，显示出对口水的明显克制。

我装出无奈的样子，说："唉，跟你一起吃饭最倒霉，每次你都要占一点儿便宜！"

他有些不好意思，那圆大的脸就快贴到那耸起的饭上了。他说："我只吃一块就行了。"

我把他的头往上推了推，用筷子扒了扒辣椒与肉片，说："哪一块？"

"这一块。"他指了指那片最大的。

我夹起来，他用手来拿。我摇摇筷子，他缩回手，把嘴巴伸了过来——当然，那头也附带过来了。

菜，就是这般有味；日子，就是这般简单。

利诱成文

中午饭刚吃完，小家伙趴在餐桌上，不停地望着我们笑，笑里充满谄媚与渴望。我装作什么也没看见，只顾小口嚼着自己的饭菜。他妈妈则细细地啜品着碗里的汤。

他实在忍不住了，小声说："爸爸，妈妈，我想玩会儿电脑……"

他妈妈问："还有多少时间？"

"还有……"他小心地看着我，又看着他妈妈，欲言又止。

"不对。没时间了，你上周已经把这周的电脑时间预支了。"我也懒得看他，但语言却是清清楚楚。

"啊！你们还记得呀？你们还记得呀！"他一下子从椅子上跳起来，舞着双手，大叫起来。

妻子笑了，按按手，示意让他静下来。

"你把希望都寄托在我们的遗忘之上，这怎么可能？要知道，这样的条约我可是过脑不忘的。"我还是平静地说。

小家伙沮丧至极。他每周的周五、周六、周日各有五十分钟游戏时间，这一百五十分钟可分可合。上周他刚下载了一个新游戏，上手较慢，当他感觉玩得比较顺畅的时候，所有的时间已经用完了。他鼓起勇气向我们提出申请，说想借用下周时间四十分钟。记得我当时说："当然可以啊，不过，你下周一定会很痛苦的哟！"他连连摇手，说："不会的，不会的。"而此时此刻，如果再问他心情是否难受，他一定会连连点头，说："是的，是的。"

我们都感觉到他的难受，也都在想如何用恰当的方法消解这种难受——

无原则的许可不是我们的风格。而在这时，提出好建议的机会我一般都会让给妻子。

妻子说："这样吧。你干一件什么事，来赚回四十分钟，怎么样？"

小家伙忙说："好的，好的！"两眼闪着急切的光。

妻子说："那就写一篇文章吧，写好一点儿，给你四十分钟。"

小家伙兴奋异常。他拿了纸笔，问我写什么。我说："你也看了老爸写的《家有小子》，其实都是我们之间发生的事。这些事，爸爸经历过，你也经历过。爸爸把它写下来，你也可以写呀！先想想我们之间的趣事吧！"他若有所思地点点头，脸上透着自信。然后趴在桌上，专心地写。

不到二十分钟，他说："写好了。"然后站起来，拎起本子，笑着。我们让他念。他说："那我就开始念啦——你们要注意听。"下面就是他的文章：

我和爸爸打嘴战

顾名思义，打嘴战就是争吵。但是这不是争吵，而是比赛（是我个人的想法）。

我是一个嫉贤妒能的人，当然很妒忌爸爸这样的大才子，所以我想跟他比一比。

有一天晚上，我和爸爸在外面吃饭，他的学生小陈正好路过，喊了一声："聂传安！"吃完饭后，我问："你的学生怎么对你那么随心所欲？"我想他这次会被我的成语雷倒吧？谁知他反驳道："因为我上课对他们不拘小节！"——我想自杀！

哼，别得意太早，我还有撒手锏呢！又一天晚上，我们在家里吃饭，爸爸想把皮蛋吃了，但是六个皮蛋五个都臭了。他把那一个蛋剥好放在碗里，问我吃不吃。我突然想到了新语言，就像发现新大陆那样。我说："难道你不知道'近朱者赤，近墨者黑'吗？"哈哈，我沾沾自喜，今天肯定花落我家了。但是，他马上回过神来，说："你没有听说过'出淤泥而不染'吗？"我被雷倒了，那种发现新大陆的喜悦也在瞬间消失了。

我在那之后一个小时对自己下了无条件投降书。虽然这次战争只持续了几天，但是我学了很多。如果以后还有机会，我一定要赢一局！

我和他妈妈听得哈哈大笑，对其中某些句子赞不绝口。不过，我对他的第二个故事提出质疑，说他曾在我的博客里见过。他反击说："你写你的事，我写我的事。你能写，我不能写呀？"他妈妈也护着他，说："你的文章里有没有'发现新大陆'？没有吧？你的文章里有没有'花落我家'？没有吧？你的文章里有没有'喜悦也在瞬间消失了'？也没有吧？你什么都没有，凭什么说别人抄袭你的？"在双重攻击下，我只好按捺住自己满腹的委屈与不平。

只听到"嘀"的一声，电脑打开了。电脑前的那个人一定兴高采烈，一定很得意！

我不会煽情

十二点时，小家伙回来了。他说："爸爸，我在写作文。"当他感觉回来晚了，一进门就会迫不及待地告诉我原因。

其实也就是比平时晚了三五分钟。我点点头，问他写什么作文。他坐在我身边的沙发上，说："老师让我们写赞美祖国的文章。可是我不会煽情。"

我第一次听到这个词从他嘴里冒出来，便问："什么煽情啊？"

他说："就是在最后一段，写'我们都站起来，一起说："祖国，我爱你！"'。我觉得好假。"

我听了大笑。不过这孩子写文章极少模仿别人，倒也是真的。

谁知小家伙后面的话更让我大跌眼镜："爸爸，领导每天讲着千篇一律的话，你说他们累不累呀？"

我忙问："领导讲话？"

他肯定地说："领导讲话就是千篇一律，一点也不新。"

一个十一岁的孩子，突然某一天，对领导的语言发表了自己的看法，而这看法，或许是许多成年人想说而没有说的。他，或许就是说"他什么也没有穿呀"的那个孩子？

官场语言的枯燥无趣与无谓煽情，或许正如那蝴蝶翅膀轻轻扇起的风，即使是对最幼小的文字，也会产生重大影响。

上学真爽

"现在上学真爽啊！"小家伙边吃饭，边不由自主地冒出来这么一句。

极少听到他对上学有如此高的评价。每到周日晚上，他就带着哭腔说："怎么这么快就过去了？我要当国家主席，就让周六周日上课，周一到周五放假！"遇到长假，他自然开心；可是因长假而使得一些休息日上课，他又大大的不乐意。一个对上学如此排斥的家伙怎么突然间说"上学真爽"呢？

他见我满脸狐疑，便道："你不知道哦，我上六年级，四年级五年级的孩子查我的红领巾校牌，我不理他；他要是跟着我，我就向他一瞪眼，他就不敢跟了——这个感觉好爽啊！"

我大笑，说："别人在执行自己的工作，你怎么能这么不配合呢？"

他说："哼！我们以前值日的时候去拦六年级的学生，他们就是这么瞪我们的，我们也好害怕。哈哈，现在该轮到我们啦！"那种快意实在是包藏不住。

我没有去消解他的快意，我只是提醒他要注意分寸。人生在世，于不同的阶段会有不同的活法。如他，低年级阶段，可能会受到欺负，心里会感到压抑。这种压抑多半是由年龄与身体的差距造成的。而到高年级，他们自然由受压者变为施压者，心理也会突然得以舒展、膨胀，充满作为"老大"的自得。可是到了初一，面对初二初三的学生，他们的感觉又会跌入低谷。然后逐渐上升，如此反复。

正因为如此，他现在的这般"傲慢"正是这一阶段的必然，如果刻意打压，让他再次"毕恭毕敬"，实是对"自然规律"的违背。所以我想，你狂就狂吧，没啥了不起的。一年之后，你不又是"社会的最底层"？

留给爸爸吃

早上到对面办公室找茶喝，几个人正在那里谈为孩子操心之事。我笑道："操这么多心干吗呢？"阿东说："你当然不用操心了，你养的孩子那么好！"我很怕别人夸我的孩子，因为我知道他也很普通，没有什么特别出色之处。于是我就问："好？怎么好啦？"

阿东兴致一下子来了，说："有一次我们在这里吃鸭肉，你那小家伙来了，我们让他也来吃。他吃了好几块。等再让他吃的时候，他说：'我不吃了，留给我爸爸吃一点儿。'要是一般的孩子，还不全吃完了，哪里会想到别人啊！"说完，阿东还不住地摇头感慨。

我的心里一热，问："真的？我真的好感动呢！"

"当然是真的，我当时也感动呢！"阿东似乎还沉浸在当时的场景中。

我知道这是有可能的。在家里吃东西时，我们总会说"给爸爸留一点儿""给妈妈留一点儿"，我们自然也不会忘记他。于是，当遇到好吃的东西时，他就会不自觉地想到，还有一个至亲的人可能也爱吃这个东西。

今天晚上睡觉前让他做俯卧撑，他不太开心。我说："来，我来陪你做。"他忙说："你别做，我做。你还有伤。"于是他趴下身子，认真地做起来。

我喜欢你，这个能替别人着想的孩子！

辩论赛

"爸爸，我们下午要进行辩论赛。"他兴高采烈地说。

"嗯。"我应了一声。

"我是反方二辩。"他告诉我。

"嗯。"我说。

"我们好惨啊，正方的辩题是'支持善意的谎言'，反方的辩题就是'不支持善意的谎言'。我本来就支持善意的谎言嘛！"他向我抱怨说。

"嗯。"我说。

小家伙照着我的小腰就一拳："你光'嗯'，也不帮我出个主意！"

"嗯。"我笑起来。

"全班分两大组，一组三个选手，我被老师选上了！"他脸上满是得意，"可是我又怕上台紧张，说不出话来。"

"嗯。"我说。

"我同组的人都知道你是老师，都说要请你帮忙啦！"他绕到前面，盯着我。

"嗯，不帮。"我告诉他。

"为什么？"他问我。

"我想睡觉。"我说。

这几天他的活动似乎多起来，而不少活动都需要老爸亲自动手。写一篇征文，名为《祖国在我心中》。晕，这样的文章十一岁的孩子怎么能写得出来？又不是写洋快餐在他心中！于是，我帮忙。又有一个美境活动设计方案，他又是无能为力，好，我帮忙，害得我昨天中午根本没睡觉！

不过，说是不帮忙，可是孩子的事比天大呀。中午饭一过，我把他叫到书房，两个人便商议从何处入手。我说，这个论题从正面去讲不易战胜对手，因为世人的普遍观念是认同善意的谎言的。我们只能引开话题来一通狂轰滥炸，一下子把对方打晕再说。于是我就告诉他这么说这么说。他听了将信将疑，问："要是别人问我这与善意的谎言有什么关系，我该怎么说？"我说，由此及彼，由这些的不能接受就可以推出善意的谎言也是不能接受的。小家伙还是有点犹豫，说："你再说一遍，我又忘记了。"我说："你这么说。谎言就是谎言，即使它披着善意的外表。希特勒屠杀被他认为是劣等民族的犹太人，对他自己来说似是善意；兄弟两人抢劫别人，为了救自己生病的母亲，对他们来说也是善意；老师批评学生时拧学生的耳朵，对老师来说似乎也出于善意。可是，这样的善意你们接受吗？如果你们不接受善意的罪恶，不接受善意的犯罪，不接受善意的体罚，那么，你们为什么接受善意的谎言呢？有力吧？记住，最后要用反问句，要表达强烈的感情。"小家伙说："我去记在纸上。"我笑道："算了吧，记在心里就成了。"

下午放学，他说："我们辩论了。"

"嗯。"我应着。

"从总体上说，我们赢了。"他告诉我。

"嗯。"我说。

"我们三个人每人加五分，正方每人加四分。"他说。

"不错！"我点点头。

"可是你那话根本不管用！我一说完，对手就站起来反驳了。还说把他们打晕呢，根本就没有！"他向我抱怨。

"哈哈，他们怎么反驳的？"我兴趣来了。我也知道我那几句话存在问题，但我很想知道在没有思考的情况下，一个十岁出头的孩子到底怎样反击。

"他们的一辩站起来说：'聂清尘的话有两处毛病，第一，我根本听不懂他讲的是什么；第二，第二……'她讲不出来了，就站在那里笑。"

我又大笑起来。我问："你反驳她没有啊？"

"没有。"他说。

"你应该说：'你听不懂那是你的毛病啊！'"于是我又笑起来。

他也在一边"嘿嘿"笑。

我说："你是不是就发言一次啊？"

"不止，好多次呢。"他回答。

"有没有亮点，精彩的？"我倒想听听。

"有一次发言完了，同学们都鼓掌呢。"他有点骄傲地说。

"那他们说什么？你说什么？"我问。

他说："正方说，善意的谎言对于病人是有好处的，有利于病人的健康。"

我有些好奇地问："你怎么反驳？"

他说："我说，每一个病人都有权利知道自己的病情。如果对他们隐瞒真相，他们就会猜测猜疑，会因此而不安，反而更加影响他们的健康。"

我不禁喝彩起来！那个时候，由不利的地位直接从正面攻击对手，并且合情合理，对于这个一向对公众场合有些怯场的人来说，颇为不易！于是，两个人一路谈一路笑。走到超市，我非常大方地满足了他平时少有的要求。

进退两难

这几天心里都有些烦。有时候，莫名地烦，你只知道它已遍布你的全身，却说不出它是什么，它从哪里来，你可能也不知道怎么样才能很好地化解它。

周日，本想睡个好觉，孩子偏偏很早爬起来，要看他的儿童片。虽说他小心翼翼地行动着，把电视音量调到最小，但时不时地仍把小凳子搞得"咕咚"一声，躺在床上的我也只好深深地皱下眉头，最多再训两声。如是数次，再也不可能睡着了，我只好也爬起床。洗洗漱漱之后，就在厨房准备早餐。

孩子凑过来，倚在厨房门前，看着我切东西。他突然说："爸爸，你是不是进退两难？"

我吓了一跳。进退两难？会用这词了？怎么还能用得这么好？

我问："为什么说我'进退两难'？"

"因为……就是……还是给你举个例子吧。"他用手在洗菜槽上比画着，"这是一个独木桥，你是一个小乌龟，你走啊走，走到中间，遇到困难了，你前进也不是，后退也不是，就是'进退两难'。"

我问："我怎么就'进退两难'了呢？"

他回答说："你呀，又想去办公室工作，又想睡觉。可是呢，你现在只能在厨房做饭。所以，进退两难。"他得意地解释道。

我松了一口气。小孩子虽说一语中的，但其解释还是最表面化的。

人至中年（我应该算是快到了吧），正是走在桥中间。往后退是不可能的，往前走，却也有多少不确定因素。古人云"人生如梦"，如果真在梦中，也好梦其一生，可你天天是醒着的，不得不面对生活中的风风雨雨。

教书近二十年，其实也是进退两难。教育的理想永远与残酷的现实对立，只觉得是在误人子弟，虚度光阴。无限韶华竟销蚀在无谓的甚至是残害生灵的劳动上，真令人扼腕叹息！

陈子昂悲道："念天地之悠悠，独怆然而涕下。"这种感觉，想必很多老师都会有的。

创作连环画

小家伙从小就喜欢画画，但又不高兴我们送他去美术培训班"深造"。于是我们也不勉强他，就由他天天做完作业之后，伏在桌上全神贯注地画。

他画过无数的恐龙、无数的枪、无数的柯南、无数的老夫子。无疑，这些素材都来自于他的阅读视野。前一段时间，他又集中精力，专心致力于一组连环画。此画涉及反恐、特种兵、多种武器以及飞行器，依然是他近日看书的反馈。

实在不知他最后能画到什么样子，只是想，这样的兴趣与执着已经让人欣慰。

今天早上把他的部分画扫描下来，现上传一些，立此存照。

NO4 完

皮鞋人生

与孩子一起往学校走。他突然说："爸爸，你的皮鞋老了。"

我吓了一跳，问："为什么？"

他说："有这么多皱纹了。"

我笑了，说："它和爸爸一样。你看，爸爸脸上是不是皱纹也多起来了？"

他认真地看了我一眼，说："是有一点。"然后问："它以前是很光滑的吗？"

我说："是的。"

他说："它几岁了？"

我说："快三四年了吧？"

他说："三四年就老了，老得好快啊！"

我点点头。忽然觉得，人如皮鞋。

开始时平平整整，闪闪发光。然后沾上点点泥土，然后皮肤慢慢皱起来，然后蓬头垢面，然后或断掌，或裂嘴，最后被丢进垃圾堆。

人如皮鞋，想想心里有些痛。

光脚走闹市

今天开运动会，可是没想到，几个月都没下雨，今天居然下起中雨。上午还好，勉强继续进行。中午老天爷就不客气了。下午，学生都困在教室里，运动会算是"泡水"了。

放学时，雨下得更大，砸在围栏上"啪啪"作响，直往屋里溅。天也黑得快。我不由得担心孩子了。于是下了楼，站在大厅门口，只见他小小的身子，撑着一把大伞，低着头，慢慢地在雨中走着。

我赶紧向他招手。他看见我了，就跑起来，带起串串水花。我想，那双鞋一定进满了水。等他跑到跟前，果然全湿透了。不过，他好像还很兴奋，连说"终于见到下这么大的雨了"，仿佛也如一株饥渴的花朵似的。

石板地面上积了数厘米深的水，我只好弯下腰去脱鞋和袜子。他忙问："你干什么？光着脚女人看了很没面子的。"——大概又是从《老夫子》那里获得的思想。

我笑笑，说："不怕，让别人看看我雪白的脚多好啊。"他摇摇头。一定是觉得我的炫耀所得比不上自己的失礼所失。

把鞋放进塑料袋里，撑起伞，和他冲进雨里。脚板踏着水，一阵清凉，也有一种莫名的舒服。

出了校门，就是繁华的街道。我俩边走边说话，听他讲着故事，与他一起骂着快速冲过去的汽车，因为车轮溅起的水把我们的裤子全弄湿了。

黑色的柏油路，并不干净的水，使得这双脚格外显眼。柏油路、水泥板、沙子，甚至有些石块，它们在脚下的感觉各不相同，但都使得双脚很舒服，很想一直这么与大地亲近下去，虽说也想到会不会有些小钉子。

不由得想起少年时。那时大多数时间都是光着脚的，竟把那小小的足底磨出厚厚的老茧，翻山越岭如走平地。且不说那些石块树桩，就连那尚未张嘴的栗苞，放在地上，用脚一踩一旋，栗苞"啪"地裂开，脚底竟然丝毫无损。想想当年的风采，自己的脚不知不觉有些发热，似乎充满了无限自豪。

那群少年光着脚是自然，穿着鞋是偶然，即使是在上学之后。但现在，这么繁荣的一条街道，只有我，把自己的脚光着，让它在雨水里尽情地舒展。

啊，我的遥远的故乡……

库缇斯先生的臭鞋

有人到学校推销演讲票，说世界著名激励大师约翰 库缇斯将于周日到体育馆演讲，同步翻译的是疯狂英语李阳。我对这类事早无兴趣，只是想到家里还有一个小家伙需要"激励"，又看到办公室的同事们高兴地讨着票，于是也厚着脸皮讨了三张，看看价钱，三张票合起来居然将近八百元钱。

　　就在准备坐车时，家里来客人了。妻子只好把她应该受到的激励平摊给我们父子俩，郁郁地看着我们上车。二十分钟不到，车到体育馆，老远就见到从馆门口延伸到广场的两条人龙。嘿，这场面，似乎多年未见啊。

　　比预定时间推迟近半小时后，李阳上场。全场起立，掌声雷动。我本来不想站起来，但又不想做个另类，只好慢慢屈着腿起立，两个手背上下打了几下，略表心意。儿子脸上也无表情，只是问我李阳是谁，我说是教英语的。他"哦"了一声，竟然不再问为何一个教英语的会受到这般欢迎，我这个教语文的自然不会主动介绍他在英语方面的成就，何况我自己除了他的"疯狂"外，别的什么也不知道。

　　约翰·库缇斯上场了，掌声自然雷动些，也长久一些，许多人踮起脚，伸长脖子，尽力想看一看这位没有下半身的人到底是个什么样子。库缇斯坐（或站或趴？似乎没有一个什么好词来描述）在铺着红布的台子上，一手支着身子，一手做着多种手势，来配合自己的言语。

　　他讲了自己的一些故事，非常投人，有时声音又大又尖，刺得我耳膜发颤。我不太清楚一个在二百多个国家和地区进行过类似演讲的人，是怎么保持这般激情的。我想，要是一个老师把一节课的内容讲上两百遍，不成疯子也成木头了。但他不然。讲到不幸时，他总会陷人痛苦的回忆中，声音弱而低沉；讲到得意时，又会眉飞色舞，神采飞扬。

　　相比之下，李阳却显得太温柔，太没激情。这也难怪，库缇斯讲述自己，一万遍都是心声，而李阳呢，重复别人一万遍，那可真叫痛苦。想想李阳也许只有在会后签名售书时才会有点感觉吧。

　　如果我听得懂英语，或者是一个有库缇斯般激情的中国人在演讲，我也许听得进去。其实我早已过了容易激动的年纪，这般的激励对自己多是无效，况且是听一句，顿一顿，就像一辆行驶在高速公路上的汽车一步三停，弄得人厌倦。于是我打起瞌睡，儿子也在旁边不停打哈欠，还东张西望的，又把自己早就准备好的超人从塑料袋里拿出来玩。

　　库缇斯在演讲时，拿出自己的鞋——其实就是套在手上的"鞋套"，讲到高兴处，把两只"鞋"扔到台下，引起一阵欢呼。当李阳问"谁拿到鞋套"时，只见一个鞋套忽从人群里飞到台上，差点砸到他。他说："这个孩子不懂事啊……"言外之意这么珍贵的东西人们居然不知道收藏起来。

　　我一直坐在那里，淡淡地看着狂热的人群。我对名人没什么感觉，我是我，他是他，我们没有任何关系，自然也不会为了他而操心费神。儿子玩超人人神，忽听台下大叫，忙问何事。我说："有人把库缇斯的鞋又扔上去了。"他说："那臭鞋，换我也扔得远远的。"我笑笑，心想，真是子接父代吗？

　　儿子一直没有专心，我也一直心不在焉，这场学习自然无效。中途儿子跑到前台去，说要看看大师到底怎么长的，后来听到大师说他学滑板车时摔了一身狗屎，大笑不已——这也许就是他最大的收获。

　　所谓的激励也许有用。但如果哪位认为听到这样的讲座就会脱胎换骨，那可能就是做梦。生命是一天天积累起来的，平凡而又单调。即使一时鼓起无数激情，也会慢慢地消融在无聊的重复之中，最后，一切又复归原状。

观察细致

　　下午开了班后会，已经快六点了，年级又开考务会，结果出了会议室，天已黑透。

　　刚才小家伙用办公室电话告诉我，作业已写完。我让他画一会儿画。现在约他下来，思量着吃些什么。当我说去楼下的茶餐厅时，他"耶"了一声，说："我早就想去了！"

　　进去找座时，发现小新与小温小两口。他们热情地招呼我俩坐下，说正找不到机会请我吃饭呢。我就厚着脸皮坐下，也让小家伙厚一次脸皮。

　　点的都是好吃的东西，小家伙吃得津津有味。

　　吃完后成年人闲聊，小家伙没事，拿着菜谱瞅。

突然他叫道："爸爸，这上面错了一个字！"

这种逢字必看、逢错必找的精神倒与我相似。我忙问："哪个？"他把菜谱一转，说："这里。"谁知这么一转，已经找不到那个字。他忙说："我再看！"惹得那两位大笑。

果然很快就找到了。他用手指点着字，说："你看，例汤多少钱，冻饭多少钱。不应该是冻饭，应该是冻饮吧。"

我想了一下，或许他说得正确。小新道："快向他们说去。"他指指旁边那位服务员。

"不。"他回答得挺干脆。我也知道，以他的胆量，做这样的事还有些困难。

与他们分手后，我们俩走在一起。他说："爸爸，你看，我们身边的那个女服务员男性荷尔蒙高得出奇。"

我吓了一跳，这话居然从十岁出头的孩子嘴里吐出！我马上回忆了一下那女孩的长相，记得那脸上似乎有些暗疮。这是证据吗？

他说："你看看她的手臂，好长的毛，像个男人。"

原来不是暗疮！

他又继续说："我看她受欢迎的指数，可能只有百分之三十。"

我问："为什么？"

"一是因为她比较矮，就比我高一点；二是因为她的职业，男人肯定都喜欢更好职业的啦；三嘛，就是那些毛……"他分析得倒头头是道。

他说："我们对面的那个服务员受欢迎指数可能有百分之八十……"晕，什么时候又关注对面的那个了？

他分析道："她个子比较高，职业比较好，上次来这里吃饭时，我就知道她好像是个部长。部长，职业肯定好一些啦……另外，她的纤体较细……"

晕透，还知道纤体呢！却不知道"纤"字本身就有"细"意！

他挺得意地问我："爸爸，我的观察细吧？"

细，细！你的观察比纤体还细！

副班长大人

天快黑了。我正对着电脑想快速了却余下的公事，小家伙重重地坐在对面沙发上，似是漫不经心地说："我要当副班长了，有很多感想啊。"

我盯着他，忍不住笑起来。

上周周末，他谈及班里选举之事，说两个正班长选出来之后，正要选副班长时，下课了。"老师说下星期再接着选吧，"他言语里不乏沮丧，说，"唉，那铃声偏偏这个时候响！要是再选下去，我也可能被选上什么干部。"

我笑着问："今天选上了？"

他回答说："老师还没有公布呢！老师现在还不公布，大概是在考验我的耐心。"

我又笑。我说："没有公布，那你怎么知道的？"

他说："班长到何老师那里去，何老师说：'以后有什么事，可以分派清尘去做一些。'班长就问我是什么干部，老师就说是副班长。现在全班都知道了。"

我盯着他，长长地"哦"了一声。

他得意地说："当班干部的感觉还真不错。我还没有上任呢，就有同学殷勤地献上一句——班长大人……"

我大笑！

他又说："也有人说我不配当班长。"

我问："为什么？"

他说了一个好笑的理由："说我太胖了。"

我又笑起来。记得曾经写过一篇名为《人之初，性本淡》的文章，写他对荣誉、奖励不爱放在心上，现在才知，那是因为他没有获得机会。每个人心中都有着出人头地的冲动，他或许有时也会克制那种冲动，可是当时机到来时，那冲动就如体态已成的小鸡似的啄开蛋壳，探出头来，然后越长越大。

这位副班长，不，这位可能的副班长，假如那个班长假传了"圣旨"，你将怎么办呢？

考试作文

有时候瞅着小家伙发愁：这像个即将进入初中大门的孩子吗？怎么看还是一个真正的小学生啊，一年之后，他能适应初中八九门学科和如山的作业吗？妻子每逢看我这个表情总是说："还有一年呢，急个啥？一年之后就像了！"我嘴里"嗯嗯"着，心里仍表示怀疑。

前几天，他把得了98.5分的语文期中试卷拿给我看，自然有要求奖励的意思。手里拎着试卷我很惭愧：我教过这么多学生，他的语文，我还几乎从未辅导过！他所有的成绩，除了老师的功劳，都是他自力更生的结果。

语文知识，因默写错一字而扣0.5分，后来自然地翻到作文。我想认真看一看，这个不到十一岁的孩子，作文是否如年龄般幼稚。

看图作文，要求"认真观察漫画，在看懂漫画内容的基础上，写出你的理解和感受，也可以借此漫画编一个故事，自拟题目"。而那个图，由于印刷模糊、混沌，仔细看，除了看清一个似在滚动的地球、两个人、一个太阳、一个兔子外，其他实在是看不清楚。

我问："老师讲了这图的含义没有？"他说没有。我有些疑惑：这图表现的到底是什么主题？且看他的文章吧。

反转地球——观漫画有感

歌手潘玮柏曾唱了一首叫《反转地球》的歌，我们认为这是夸张罢了。但是，今天我看到了一幅漫画，漫画中还真有"反转地球"！

在山坡上，一个模仿马戏团表演的人，站在"地球"上从山坡滚下来，"地球"前面还有一个人在跑，他手里拿着放大镜，嘻皮笑脸的。一只兔子看见他们，赶紧跑了。

看了这幅漫画，我觉得这些人太可恶了，视地球为儿戏，在地球母亲的大地上随心所欲、为所欲为。我们在13课中看到，本来地球的资源是可以不断再生，长期给我们做贡献的，但是这些人却不断破坏资源，使它们不能再生了。

　　联系生活实际，像这种"反转地球"的人太多了。世界上这么多事例，难道他们真的不知保护环境的重要性吗？

　　地球是大家的母亲，我们不但不能破坏它，而且还要保护它。让地球更好地造福我们的子孙后代吧！

　　我说，第一段很好，由潘玮柏的歌引出漫画，很自然。一个"但是"，转折很有力。第二段是描述漫画，是后文的基础，非常必要，能把画的内容一一点到，可惜的是没能显出"环保"主题。他说自己也看不清到底画的是什么。第三段是对画的内容评论，语言简洁。只不过不能说"在13课中看到"，因为你的文章不是仅给你的老师看的，而别人可不知道你的13课是什么，所以要具体写出。他笑着点点头。第四段起句"联系生活实际"非常好，由画中事延伸到生活中来，这样才有意义。只不过，"世界上这么多事例"，可以举几个呀。他说本来也想举几个例子，可是没有格子了。我一看，可不，400格的空间已经写到最后一行了。第五段是呼吁，也必不可少。他说，那当然啦。

　　五段文字，从结构上看层层铺设，秩序井然，我不知是老师的规范还是他自己的感觉；语言比较干净利落，一些关联词用得妥帖有力；内容上则显得有些单薄，使文章少了说服力。总体上讲，感觉到他写文章时能够得心应手，操控自如。

　　一篇极为普通的文章经我这么折腾之后，我感觉到他的思维能力似乎可以跟得上他身体的发展了。架构已有，余下的就是细节问题。

副班长大人 （续）

　　昨天晚上，小家伙似乎不经意地说了一句："老师终于宣布我是副班长了。"

这么算来，从得知被推选为副班长到最后的公开确定，整整等了两个星期。

没有孩子是不在乎名誉的，这个孩子也不例外。前些日子，他偶尔会说上一句："明天班会课老师就可能宣布了！"或者又说："唉，老师开会去了，今天没有宣布。"或者又说："今天考试，耽误了。"话虽漫不经心，但心中的期盼溢于言表。我虽有时取笑他这个准副班长，但也暗暗替他着急，唯恐长久的期盼最后竟是一句空话而让孩子无限失落。所以，当看到小家伙的灿烂笑容时，我也松了一口气。

我问他："副班长做什么事啊？"

他说："早上早早地去，摆桌子啊，把凳子放下来啊，管学生啊，还有好多。"

是啊。我告诉他，职务，就是任务，是责任。

他又给我安排了一个工作："以后你早点喊我起来啊。六点半就喊。"

呵呵，不管哪次喊你，你也没有痛痛快快地爬起来啊。

今天早上起来，本想先解决自己的事，却突然想起有一个人要正式履行自己的职责，便忙到他的房间。他睡得正熟，但我有办法让他马上起来，一改往日的拖拉。

于是我喊道："副班长，副班长，起床了！"

我们的领导果然一骨碌爬起来，边穿衣服边问："几点了？"

祝爸爸妈妈们快乐！
祝所有的孩子们快乐健康地成长……